Leurres du temps

Pascal Schrepel

Leurres du temps

Imprimé à la demande par Amazon
Dépôt légal : Juillet 2023
ISBN : 9798397539173

pour
Pascal Schrepel
12 Grandrue, Férange
57320 Ebersviller

À Élina

L’auteur mène une réflexion sur la perception humaine du temps et notre relation complexe avec lui qui n’a de réalité que notre ressenti et notre foi en ses effets. Dans une perspective individuelle façonnée par son expérience, il nous encourage à lui donner un sens, à l’apprécier dans toutes ses manifestations et à le considérer au-delà de notre cadre spatio-temporel. Il ne peut se réduire à ce que nous croyons savoir de lui, ce qui en fait l’une des plus grandes énigmes de l’Humanité.

Leurres du temps

Notre monde recèle bien des mystères. En suivant une recherche de sens passionnante vous serez plongé en apnée dans les abysses de notre réalité et entrainé dans un voyage intérieur intellectuel et spirituel, explorant les vérités cachées et les fausses certitudes. Cette quête de sens sur notre matérialité, vue à travers le prisme de notre humanité, permet à l’auteur de soumettre ses questionnements et ses convictions à la sagesse de ses lecteurs.

L’essence du rée

leurresdutemps@free.fr

Pascal Schrepel

Pascal SCHREPEL

LEURRES DU TEMPS

&

L'ESSENCE DU RÉEL

PIANISSI
Mots

Ce livre est écrit beaucoup avec le rêve, un peu avec le souvenir. [...]

VICTOR HUGO

AVANT-PROPOS

Communément admis comme la quatrième dimension en complément des trois dimensions d'espace, le temps demeure très mystérieux parce qu'invisible, impalpable, immuable et pourtant si évident, si présent en toutes choses, familier, naturel, allant de soi, d'une simplicité si grande que tous savent très bien ce qu'il est. Cependant, s'il est aisé de le concevoir, il demeure tellement difficile à verbaliser ! Dire qui il est relève d'une autre histoire, bien plus compliquée, quasi impossible pour chacun d'entre nous. Saint-Augustin disait : « *Qu'est-ce donc que le temps ? Si personne ne me le demande, je le sais.*

Mais si on me le demande et que je veuille l'expliquer, je ne le sais plus.[1] ».

On ne compte plus les poètes, les sages, les penseurs, les philosophes, les mathématiciens, les physiciens sans oublier les essayistes qui se sont longuement interrogés sur la question du temps et qui l'ont écrit à l'encre de leurs doutes ou de leurs convictions. Les citer tous serait chose impossible tant ils sont nombreux à avoir étudié la nature du temps au cours de ces vingt-cinq derniers siècles.

Tous ont décortiqué ce phénomène ou essayé de le faire pour tenter d'en extraire l'essence, le sens, les propriétés, les singularités, les implications et autres conséquences, afin de le rendre intelligible à l'Homme. D'abord entré dans le champ de la philosophie, il a rejoint progressivement la science pour, au courant du vingtième siècle, perdre un peu de sa rigidité à l'épreuve de la physique relativiste et de la mécanique quantique.

La course folle du temps qui emporte tout avec lui, dont nul ne peut s'extraire, entraînant chaque élément de notre univers, de la galaxie à la bactérie, dans un inéluctable écoulement du futur vers le passé, est décidément ce qu'il y a de plus difficile à définir. Mais définir est-il la bonne approche ?

---

[1] *Les Confessions* (SAINT AUGUSTIN D'HIPPONE) paru entre 397 et 401

Définir contient le mot finir. En ce sens, concevoir des fins, des limites à ce qu'il est vraiment, aide à borner le concept et éclaire sur ce qu'il n'est pas. A dire vrai, n'est-il pas plus facile de cerner une notion ou un concept en expliquant d'abord ce qu'il n'est pas ? Pour autant, une fois le sujet du temps délimité, circonscrit, cerné par tout ce qu'il n'est pas, nous est-il davantage intelligible ? Rien n'est moins sûr.

Mais définir contient aussi le préfixe 'dé'. Là, deux choix sont possibles : il peut vouloir donner au mot le sens contraire de ce qui le suit, ce qui signifierait le contraire de finir. Plutôt sympathique l'idée du temps qui n'a pas de fin. Mais ce préfixe peut dans une acception plus ancienne signifier une insistance, un aboutissement, l'idée d'aller au bout. En ancien français, définir signifiait finir, terminer. En cela il confortait l'idée de la nécessité absolue de délimitations rigoureuses au-delà desquelles le temps ne peut être caractérisé.

Nous voilà bien avancés ! Finalement cette question a-t-elle vraiment un sens ? Si *a priori* rien n'interdit de vouloir mettre des mots simples pour comprendre mieux ce qu'est le temps, rien ne nous assure que cette démarche soit fondée à réussir et à satisfaire notre insatiable besoin de vulgarisation. Tout ne peut pas être ramené à soi, c'est-à-dire à l'aune de sa modeste humanité, pour y être compris. En effet, le temps est un concept qui dépasse notre échelle. C'est un concept aussi fondamental que l'espace ou encore l'univers. Comment définirions-nous l'espace ou l'univers ? Nous aurions les mêmes difficultés à y trouver les frontières de ce qu'ils ne sont pas, et encore plus de difficultés à trouver les mots de ce qu'ils sont.

Moi qui écris ces lignes et vous qui êtes en train de les lire, nous sommes les fruits du temps. Sans le temps rien n'existe. Même pas nous. 13,8 milliards d'années pour que l'univers soit celui que nous connaissons (si peu à vrai dire), 10 milliards d'années pour notre Galaxie, 4,6 milliards d'années pour notre système solaire, un peu moins pour notre planète Terre, 3,5 milliards d'années pour les premiers êtres unicellulaires sur Terre, 200 millions d'années pour les mammifères, 1 million d'années pour l'*homo erectus*, 200 000 ans pour l'*homo sapiens* que nous sommes. Quelques décennies à peine pour votre serviteur…

Par quel sortilège pourrions-nous, nous qui sommes les fruits du temps, vouloir définir celui qui nous a engendré ? Nous ne sommes qu'une minuscule partie de ce tout qu'est le temps. Pouvons-nous raisonnablement envisager qu'une infime partie d'un tout puisse expliquer le tout ? C'est comme demander à une goutte d'eau d'expliquer la mer, ou à un grain de sable d'expliquer la dune.

Mais décrire n'est pas définir. Et si définir est sans nul doute voué à l'échec, il n'est pas sans attrait pour moi de tenter de décrire les choses du temps. Je me sens comme ce petit grain de sable soulevé par le vent de la curiosité et découvrant la dune dans son imposante immensité.

Vous l'aurez compris : cet essai n'a pas vocation à faire un condensé des connaissances du XXIe siècle sur le temps. Ni l'historique de l'évolution de la pensée du temps. C'est une tentative pour mettre un peu d'ordre dans les observations d'un homme simple dont vous serez seuls juges du discernement ou de la folie.

Mes réflexions se nourriront en effet d'observations, d'expériences vécues, parfois heureuses, parfois difficiles, mais aussi d'imaginaire, sorte d'expériences de pensée qui seront l'amorce de développements plus analytiques. Cet ouvrage, basé sur ce canevas original, guidera le lecteur vers la compréhension de ce qui a amplifié en moi cette passion pour les mystères du temps.

Je ne vais m'interdire aucune question, même si certaines seront difficiles et ne trouveront pas de réponse. Je ne vais m'interdire aucune hypothèse, même si certaines seront farfelues et bousculeront la logique. Je ne vais m'interdire aucune approche, même si certaines heurteront le lecteur. Je revendique la réflexion autant que la naïveté, et souhaite que toutes mes erreurs de jugement d'aujourd'hui soient des tremplins pour de meilleurs discernements demain. Je laisse la vérité à l'Absolu qui nous dépasse, et vous propose, avec toute l'humilité qui s'impose face à ce défi, des pistes, des ressentis, des observations qui ne manqueront pas je l'espère de vous pousser au même jeu de réflexion.

La question centrale de cet essai, celle qui guidera ma quête de la nature du temps, pourrait être, non sans malice, quel leurre est-il ?

*

Cette édition est complétée par une nouvelle philosophique : *Le double-je du temps*. Je vous propose une relecture de la création du monde dans lequel le Temps va devoir jouer des coudes pour s'imposer et accomplir sa mission.

1 - Le grand saule

Le souvenir d'une certaine image n'est que le regret d'un certain instant.

Marcel Proust

2020. Dans mon petit village lorrain.

Allongé sur ma chaise-longue à l'ombre du kiosque fleuri du parc d'agrément, je savoure ces quelques instants de repos dans cette douce chaleur de juillet qu'une petite brise rend très agréable.

Ce kiosque fut à l'origine un bassin peu profond, sorte de pataugeoire pour mes filles en âge de patauger, et s'est transformé au fil du temps en lieu de quiétude et de convivialité, de lecture et de méditation. Érigé sur pilotis, le toit formé de six pans réguliers converge vers un poinçon de faîtage trônant fièrement en son sommet. Cet endroit offre à la vue de l'observateur attentif autant de tableaux différents que la structure de l'édifice peut offrir, comme un polyptyque animé à trois cent soixante degrés. Des tableaux vivants, sans cesse renouvelés, où les couleurs, l'ombre et la lumière accomplissent leurs destins changeants, jamais identiques à l'instant d'avant ni à l'instant d'après.

Le tulipier face à mon regard vient d'être malmené par une soudaine bourrasque du sud amplifiant les clappements caractéristiques de ses larges feuilles. A côté, trois pins offrent une lumière doucement tamisée par le foisonnement d'aiguilles, et leur senteur de sève chaude me transporte en esprit dans la forêt des Landes. Derrière moi, un autre décor plus apprêté, un bosquet d'érable rouge taillé en boule, d'érable nain aux feuilles vert tendre délicatement ciselées, d'hibiscus dont les premières fleurs viennent d'éclore, de yucca au port arrondi parfait. Deux cycas marquent l'entrée de cet endroit paisible, tandis que le sol, pavé de galets noirs et blancs en symbole du Yin et du Yang, nous rappelle la dualité, l'harmonie et l'équilibre dont la nature est faite, et sa formidable capacité à évoluer dans un univers mu par des forces contraires. Un parterre de roses accroche le regard dans une autre direction par ses dégradés de tons jouant avec le soleil, tandis qu'au second plan, deux pins aux troncs rougissant surgissent comme pour affirmer leur force, leur puissance et leur longévité face aux fragiles inflorescences saisonnières. Ces deux pins, pourtant plantés bien droits côte-à-côte, ont dû se livrer une guerre sans merci de l'espace. Tandis que le dominant est resté droit comme un i, l'autre s'est fortement incliné, cédant tout l'espace et la lumière à la ramure du vainqueur. Les arbres sont des êtres vivants qui ne peuvent se déplacer, nous dit-on ? Pour enrichir ce tour d'horizon, deux agrumes en pots, un limettier et un citronnier, inondés de soleil, toutes leurs feuilles dressées vers le ciel comme le bec de petits oisillons réclamant leur nourriture. Enfin, le dernier tableau de cette fresque circulaire, le maître du parc arboré, majestueux, le grand saule.

Chaque jour, à chaque fois que mon potager ou mes poules me réclament, je déambule sous sa voute ondulante et tombante pour me rendre au fond du jardin, sans jamais m'y arrêter. Ce matin-là, je m'y suis arrêté. Je l'ai regardé différemment, et je l'ai découvert comme jamais encore je ne l'avais découvert. Puis, mu par l'égard naturel qu'un être vivant peut éprouver envers un autre être vivant, je me suis approché de son tronc et, chose qui j'en conviens peut surprendre, je l'ai enlacé. C'est un geste qu'il m'était arrivé de faire en forêt, pour tenter de sentir un peu la force, de ressentir un peu la sérénité de ces êtres majestueux ou simplement se mettre à l'écoute intérieure. Mais je n'avais encore jamais enlacé un arbre dans mon parc. A fortiori le grand saule.

Contrairement à ce que je pouvais imaginer à cet instant précis, ce n'est pas quelque sensation ou quelque sentiment qui s'est imposé à moi.

C'est une image.

Mes bras enlaçant le gros tronc et mes mains ne pouvant se rejoindre, instantanément, je revois cette vieille photo argentique prise vingt-cinq ans plutôt, où l'on ne distinguait qu'un grand champ nu qui allait changer le destin de ma famille. Cette terre dont la destinée fut d'accueillir ma maison, ma famille et nos vies. Ici même, à cet endroit précis, s'impose à présent ce grand saule, comme surgi instantanément du néant. Son poids actuel doit se compter en tonnes et son volume avoisiner celui d'une maison. L'impression est étrange. Je perds la notion de son histoire et de son imperceptible croissance pendant toutes ces années. J'oublie qu'il a fallu gagner jour après jour son eau – probablement plus d'un million de litres sur cette période – et avec elle ses nutriments, et avec le soleil son énergie pour croître graduellement. Je ne garde que ces deux images fortes : il n'était pas. Et, l'instant d'après, il est. En esprit je passe successivement d'une image à l'autre, puis reviens à la précédente. Plusieurs fois. Ces vingt-cinq années se contractent, se condensent, se compriment au point de n'être plus qu'un seul souffle du cours du temps. Ces deux images tellement différentes s'entrechoquent, bousculent la réalité diluée du temps qui passe à la vitesse de notre conscience. Vingt-cinq ans coupés au montage dans ce film d'un genre nouveau, où seules la première et la dernière diapositive ont été conservées. Vertige. Magie. Il n'était pas et maintenant il est. Mais qu'est-ce donc vingt-cinq ans ?

Je n'ose répondre tout de suite, de peur de heurter un peu la normalité temporelle dans laquelle je suis, à l'instar de nous tous et de tout l'univers. Cette normalité du cours du temps qui nous a tant imposé son rythme depuis une hypothétique et obscure chiquenaude initiale qu'on le trouve naturellement normal, normalement naturel. Oui, cette normalité est mise à mal. Entre ces deux images, le temps a perdu de sa substance. Seuls subsistent un avant et un maintenant, un avant inscrit sur cette photo mémoire, un maintenant magistral que j'encercle de mes bras. Le pendant s'étiole, s'atrophie, s'assèche et disparaît. Suis-je en proie à une douce illusion ? Une hallucination, facétie de mon imagination ? Ce champ nu est-il vraiment dans le passé ? Ce grand saule est-il vraiment dans le présent ? Ces deux réalités ne sont-elles pas toutes deux des instants présents ? N'est-ce pas l'esprit rationnel, empreint depuis la nuit des temps de l'inertie du temps, qui hiérarchise ces réalités dans des cases temporelles ?

Je relâche mon étreinte et recule de quelques pas pour reconsidérer le grand saule dans son entièreté. Subitement, il me semble être apparu d'un coup de baguette magique. Je suis fasciné de ce que le temps est capable de réaliser.

Qui est-il, ce temps qui permet aux arbres de grandir et aux hommes de se réaliser ? Qui est-elle cette grande horloge infernale qui sans cesse détruit notre présent en le reléguant au rang subalterne du passé, tandis qu'elle transforme notre futur en nouveau présent ? Qui est ce mystérieux projectionniste qui nous fait découvrir sa série Univers, épisode après épisode, saison après saison, avec une régularité d'horloger, sans commencement apparent et hypothétiquement sans fin ?

Ces pensées troublent la cohérence de ma perception du temps. Me voilà de nouveau connecté à mon présent, comme agrippé au tangible, dans une matérialité rassurante. Je suis à nouveau allongé sur ma chaise-longue, bien que je ne l'aie pas quittée. Je tente de remettre un peu d'ordre dans mes pensées. Le polyptyque a changé. Le soleil a baissé quelque peu. Les couleurs sont devenues pastel. Les images d'avant ne sont plus. Elles n'existent plus.

2 - Un instant, s'il vous plaît !

Le temps n'a qu'une réalité, celle de l'instant.

Gaston Bachelard

Je me souviens avoir eu un jouet étonnant dans mon enfance. Il s'agissait d'un petit bloc de feuillets reliés, avec sur chacun d'eux un dessin, tous légèrement différents d'un feuillet à l'autre. Le jeu consistait à les faire défiler rapidement et en les libérant successivement de manière à ce que chaque dessin soit visible une fraction de seconde. Ainsi, les images fixes se dévoilaient l'une après l'autre et, comme par magie, on pouvait voir une scène s'animer comme dans le réel. Observer la danseuse tourner sur elle-même ou le cheval galoper fascinait le gamin que j'étais. Sorte de zootrope[1] rudimentaire, ce jouet, en se fondant sur la persistance rétinienne, permettait de donner l'illusion d'une scène vivante et animée. Sur le même principe, se créaient les dessins animés et les films de cinéma basés sur vingt-quatre images par seconde. Ce nombre n'était pas choisi au hasard mais permettait d'entretenir l'illusion parfaite du mouvement compte tenu des facultés de notre organe de la vision et de notre cerveau.

Du zootrope au praxinoscope[2], du cinéma aux fichiers GIF[3] qui s'échangent sur nos réseaux sociaux, toutes ces technologies de création de scènes animées et fluides, n'ont utilisé que le principe simple de la succession rapide d'images fixes. Ces scènes ainsi nées, aussi réalistes qu'elles nous apparaissent, ne sont finalement que le fruit de l'alchimie de notre cerveau, capable de créer la mobilité à partir de l'immobilité.

L'analogie est évidente. Un instant, à considérer comme figé dans le temps comme l'est un arrêt sur image, comme une division ultime du temps, serait comme ce dessin

---

[1] Le zootrope est un jouet optique inventé par WILLIAM GEORGE HORNER en 1834. Il permet de donner l'illusion de mouvement d'un personnage dessiné

[2] Le praxinoscope est un zootrope amélioré, inventé par ÉMILE REYNAUD en 1877

[3] Le GIF (Graphic Interchange Format, format d'échange d'images en français) permet de stocker plusieurs images dans un fichier et de créer ainsi des animations

précédemment évoqué. Et si notre sensation du temps qui passe n'était due en réalité qu'à la succession d'instants fixes dont le défilement, savamment réglé au tempo de notre perception, entretient l'illusion de la continuité ?

Je vous avais prévenu, je ne vais pas m'interdire une hypothèse sous prétexte qu'elle vous semble loufoque ! Poursuivons.

Nous avons d'un côté une multitude d'instants qui défilent, et de l'autre côté une perception de la continuité. Nous avons une projection d'instants sur notre conscience du temps qui passe dans un mouvement perpétuel de défilement si parfait que cela est pour nous la réalité fluide qui nous entoure et nous emporte avec elle. Nous avons des instants qui passent, aspirés *ex-nihilo* du futur, puis soufflés dans le présent, puis instantanément jetés dans le passé, dans un cycle infernal d'une bien curieuse machine dont nous ne pouvons modifier aucun réglage et que nous ne pouvons arrêter. Quelle est donc la nature d'un tel instant ?

Un instant est, selon les définitions les plus courantes, un temps de très courte durée, un moment infinitésimal, un très petit espace de temps, un moment très bref.

Nous voyons donc qu'un instant n'a pas de durée fixe établie, mesurable, identique en tous lieux de l'espace et… du temps. Nous ne saurons jamais de combien d'instants est fait un moment qui d'ailleurs semble obéir aux mêmes règles d'indétermination que son petit frère. Il ne peut s'exprimer en seconde, ni en minute ni en journée. L'instant échappe à toute tentative de quantification. En revanche, il se prête au jeu de la qualification. Quantité indéterminée, mais qualité bien établie et compréhensible par tout le monde. Quand votre interlocuteur au téléphone vous dit « un instant s'il vous plaît ! », vous savez que vous n'allez pas devoir patienter une demi-journée avant de pouvoir lui parler. Donc on sait très bien ce qu'est un instant, mais, tout comme le temps, il n'a pas de définition, en tous les cas pas de durée établie. Et, tout comme le temps, il a une qualité que nous connaissons. Il entre dans notre champ conceptuel. On ne sait pas ce qu'il est exactement, mais on le conçoit.

Revenons un instant à l'instant présent. Intuitivement, nous admettons que c'est ce fameux 'Ici et maintenant' que nous sommes en train de vivre, et par extension ce non moins imagé 'En tous lieux et maintenant' que tous sont entrain de vivre au même instant de notre monde. Ce fameux instant *t* réputé identique en tous points de l'espace. Ainsi, dans ce présent – étirons-le un peu pour avoir le temps d'en parler – nous parlons, mangeons, dormons, lisons, réfléchissons, nous déplaçons, rions, pleurons, naissons, mourons…, tous en même temps. Il fait jour, nuit, joie, peine, chaud, froid, bonheur, malheur dans ce même instant présent. Imaginez une fresque de la taille du monde figeant tous les hommes dans leurs attitudes du moment, dans leurs sentiments contradictoires, dans leurs activités ou leur oisiveté. Ici un paysan labourant son champ, là un pilote de ligne acheminant cinq cents passagers outre atlantique, ici un enfant au milieu de ses rêves nocturnes, là un médecin urgentiste affairé à sauver une vie, ici un spationaute observant la Terre de la Station Spatiale Internationale, là un jeune couple découvrant l'amour, ici une famille sur la route des vacances… Quel tableau ! Avec ce titre magnifique : « L'instant présent ». Quelle œuvre magistrale ! Un battement de cils de Saturne (ou de Cronos, je vous laisse le choix de la mythologie) dévoilant un cliché de son album du temps, où son œil à l'acuité infinie nous renvoie les plus petits détails des hommes, du monde et de l'univers !

Nous avons vu que nous sommes bien incapables de dire la durée d'un instant, même si l'on s'accorde sur un laps de temps extrêmement court, une fine tranche de temps. Cela pose cette question fondamentale de savoir quelle est la durée du présent. Voyage au pays d'une réflexion peu commune, trituration de l'esprit dans tous les sens, enchantement de l'esprit ou berceau d'une future migraine, la question de la durée de l'instant présent est certainement une douce folie. Jusqu'à quelle longueur de temps pouvons-nous considérer être dans le présent ? Le présent est-il fait d'un seul ou d'innombrables instants ?

Nous voyons que, pour être le plus rigoureux possible, nous avons du mal à considérer que le présent puisse durer. Nous devons admettre que ce fameux présent n'a véritablement de sens que s'il est réduit à ce que nous pouvons imaginer de plus court. En effet, le bon sens nous pousse à rejeter l'idée de pouvoir gonfler le présent à une durée acceptable, conséquente, adaptée à ce que nous considérons être la substance d'un seul présent palpable. Cette idée pourtant tenace impliquerait un présent à géométrie temporelle variable, et en multiplierait les définitions selon la façon dont chacun l'appréhende, selon son contexte. Autant de présents différents que de sujets qui les vivent. Il nous faudrait admettre qu'un laps de temps pourrait être en même temps un seul présent pour un individu et plusieurs présents successifs pour un autre individu. Est-ce satisfaisant ?

Dans l'autre sens essayons de réduire l'instant présent à ce qu'il peut être de plus petit et voyons ce que nous pouvons en dire. Quelle en serait donc la limite, quelle serait sa plus petite durée ? Quelle serait la plus fine tranche de ce carpaccio chronologique ? Mais cette question a-t-elle seulement une réponse ?

Il y a bien les travaux de Max Planck[1] qui proposent ce que la physique a appelé le temps de Planck, c'est-à-dire la plus petite durée en deçà de laquelle les modèles

---

[1] MAX PLANCK est un physicien allemand (1858-1947), fondateur de la physique quantique et prix Nobel de physique en 1918. Il a révolutionné notre approche de l'espace-temps au niveau subatomique. Il a notamment donné son nom au célèbre « Mur de Planck » ou « Temps de Planck » ; c'est le moment dans la création de l'Univers où s'arrête la cohérence de toutes les théories physiques de l'époque et donc le plus petit temps mesurable. Il correspond à 10^{-43} secondes après l'instant zéro selon le modèle du Big Bang

mathématiques et les théories physiques n'ont plus de sens. Aucune mesure du temps ne peut aboutir à un résultat cohérent inférieur à cette durée qui est de l'ordre de 10^{-43} secondes. Cela correspond à 0,1 millionième de milliardième de milliardième de milliardième de milliardième de seconde. En dessous de cette limite, tous les évènements sont considérés comme simultanés.

Il est bien sûr impossible de se représenter une si infime durée. A l'opposé, rappelons que l'Univers a près de 14 milliards d'années, ce qui le sépare du temps de Planck de soixante ordres de grandeur, c.-à-d. qu'il faudrait multiplier soixante fois par dix le temps de Planck pour obtenir l'âge de l'univers ! Nous sommes bien incapables de nous plonger dans cet infiniment court et dans cet infiniment long pour en appréhender la réalité. Aucune représentation ne nous est connue pour pouvoir les imaginer. Par extension, nous sommes tout aussi incapables de concevoir une telle disproportion de durée.

Dans cette réflexion, nous ne pouvons faire l'impasse sur l'unité de base de la mesure du temps, la seconde. Depuis l'antiquité, les hommes ont compté le temps pour organiser leur vie quotidienne. Chaque journée était rythmée par la course du Soleil, mais cette imprécision s'est bien vite révélée être un problème pour organiser les différentes activités comme le travail ou les cérémonies. Les cadrans solaires des Égyptiens remontent à 2000 av. J.-C. Ils étaient divisés en 12 tranches parce qu'ils comptaient en base 12.

Nous avons gardé de cette époque le cadran de douze heures de nos montres et de nos horloges. Puis, vers 300 av. J.-C., les Babyloniens ont utilisé la base 60 pour effectuer leurs calculs astronomiques. Ainsi sont apparues les subdivisions de l'heure en 60 minutes et de chaque minute en 60 secondes. Voilà les bases de la division du temps qui perdurent encore aujourd'hui.

Mais ces laps de temps restaient bien imprécis, et il a fallut attendre 1960 pour qu'un chercheur anglais, Louis Essen[1], propose à la communauté scientifique de définir la seconde comme la durée de 9 192 631 770 oscillations d'un atome de césium. Aujourd'hui toutes les horloges atomiques sur Terre et à bord des satellites sont synchronisées sur cette définition. Alors, il se pourrait bien qu'un instant soit cette fameuse seconde… À moins qu'il ne soit la durée d'une oscillation de cet atome de césium ?

Nous voyons bien que pour nous dont la durée de vie moyenne est de l'ordre de 80 ans, il est bien difficile de dire ce qu'est un instant.

Notre appréciation de la course du temps variera sans doute aussi en fonction de nombreux paramètres : si nous sommes jeunes ou âgés, très occupés ou oisifs, occidentaux ou

---

[1] LOUIS ESSEN est un physicien anglais né le 6 Septembre 1908 et mort le 24 août 1997. Ses principales contributions furent la mesure précise du temps et de la vitesse de la lumière

asiatiques et même riches ou pauvres. Que dire alors d'autres êtres vivants de leur appréciation de l'instant ? Pour cet insecte nommé éphémère parce qu'il ne vit qu'un jour ou deux alors qu'il est apparu sur Terre il y a plus de 300 millions d'années, qu'est-ce un instant ? Pour cette baleine boréale qui peut vivre jusqu'à 200 ans, qu'est-ce un instant ?

Et les particules ne sont pas en reste ; que dire de l'électron dont la durée de vie a été estimée à 66 milliards de milliards de milliards d'années[1] (rappelons que notre univers n'a que, si je puis dire, 13,8 milliards d'années), qu'est-ce donc un instant pour lui ?

Et que dire encore du muon[2] dont la durée de vie est de l'ordre de 2,2 millionièmes de seconde ? Qu'est-ce un instant pour lui ?

Cette quête de l'instant présent est bien difficile. Sitôt l'instant créé, il disparaît. Pas le temps d'en parler, ni de simplement l'évoquer, ni de seulement le dire. Il a déjà basculé dans le passé. Même la pensée n'est pas assez rapide. Saisir l'instant présent c'est tenter d'attraper une mouche qui vole à la

---

[1] Article Sciences & Avenir du 21 décembre 2015 par AZAR KHALATBARI « *On a découvert la particule éternelle* »

[2] Le muon est une particule élémentaire de charge négative ayant les mêmes propriétés physiques que l'électron mais dont la masse est 207 fois plus grande

vitesse de la lumière. Penser l'instant reste hors de portée de notre système cognitif. Nous ne sommes pas équipés pour le faire. Imaginons que nous nous préparions dans cette quête impossible en anticipant quelques moments futurs pour les capturer au vol pile au moment où ils se produisent. Toutes tentatives seraient vaines, nous sommes bien trop lents. En fait nous sommes prisonniers de notre propre référentiel qui interdit toute transgression d'échelle.

Alors, pour palier à cette impuissance, nous inventons l'instant présent élastique. Nous étirons ce présent modulable en concaténant tous ces instants infimes du temps, pourquoi pas les plus petits instants mesurables au sens des travaux de Max Planck. Ainsi, le présent, oserai-je dire l'instant présent, prend de l'épaisseur, de la densité, de la persistance. Ce n'est qu'ainsi que nous pouvons nous autoriser à parler au présent. Le faire durer le temps qu'il faut pour que se déroule l'évènement que nous décrivons, sans avoir l'impression de transgresser la règle cruelle du temps qui tue chaque instant sitôt né. Nous avons un présent qui prend son temps, qui vit le temps nécessaire et qui donne le sentiment d'être un bloc de temps compact, dans une unicité d'espace, d'action, d'analyse et… de temps. Ce n'est qu'ainsi habillé d'un évènement temporel que l'instant présent nous apparaît reconnaissable, à notre échelle, familier.

En résumé, nous avons deux approches de l'instant présent. La première, c'est ce point sur la droite du temps, celle que l'on représente habituellement avec une petite flèche à son extrémité dans les cours de physique, délimitant à droite le futur et à gauche le passé. Ce point n'a pas d'épaisseur, donc pas de durée et ne marque que le passage instantané du futur vers le passé. Ce point se déplace du passé vers le futur si l'on pense que c'est le temps qui passe, ou alors, à l'inverse, les instants se déplacent du futur vers le passé si l'on pense que c'est nous qui passons dans un temps qui lui est fixe.

La deuxième approche est celle du phénomène temporel. Un tel phénomène temporel exige un instant présent étiré, suffisamment pour que la conscience le capture, en jouisse et le vive pleinement. Cette élasticité de l'instant présent rend le temps compatible avec nos sens. Et, finalement, qu'importe si l'instant est véritablement infinitésimal, l'important pour notre présent, c'est qu'il s'arrange avec la physique, qu'il se débrouille avec la philosophie, et qu'il prenne son temps pour être vécu.

En conclusion de cette réflexion instantanée, force est de reconnaître que notre vocabulaire est bien insuffisant pour définir l'instant et le présent. Ces quelques pistes montrent que l'un ou l'autre peuvent être soit l'étincelle d'éternité, insaisissable, d'une infinie furtivité, soit ces moments de toutes sortes, de toutes natures et de toutes durées qui font la vie des hommes.

3 - LA TÊTE DANS LES ÉTOILES

Mon auberge était à la Grande-Ourse.
Mes étoiles au ciel avaient un doux frou-frou.

ARTHUR RIMBAUD *(Ma Bohème)*

1977. Dans le village de ma Belle.

Il est deux heures. Il est temps de rentrer. A tâtons, nous rejoignons la porte et, avec d'infinies précautions, tu tournes la clé et abaisses la poignée dans un ralenti garantissant un silence absolu. Il ne faut pas réveiller tes parents. La fraîcheur nocturne s'engouffre dans ce couloir. C'est une nuit sans nuage et sans Lune. Une dernière étreinte, un dernier baiser et la nuit me happe et dissout ma silhouette que ma Belle regarde s'éloigner. Le monde que nous construisons dans nos cœurs et dans nos têtes, brique après brique, va m'accompagner durant une bonne heure et demie, le temps de regagner ma maison à la ville. C'est le temps qu'il faut à pieds. Tous mes deux-roues, avec ou sans moteur, m'ont lâchement abandonné ! La mécanique restera pour moi un grand mystère.

Son village est éloigné de quelques kilomètres de chez moi. Il me faut d'abord le traverser. Les lampadaires diffusent leur lueur blanchâtre et blafarde et projettent sur le sol un halo intermittent entrecoupé de zones sombres. Le village tout entier dort. Peut-être ma Belle dort-elle déjà ? Pas un bruit, à peine un chat ou deux troublent l'immobilité silencieuse de la nuit. Le café du village est fermé bien sûr. Ce soir encore, certains auront refait le monde derrière leur verre trop rapidement tari. Les maisons défilent devant mes yeux à la vitesse de mes pas. Mon esprit bien plus libre et véloce, dans une imagination souveraine et débridée, joue à effacer les murs de toutes ces demeures. Je vois tous ces couples endormis, ces enfants au pays des songes, ces petits vieux tranquilles qui attendent patiemment que Morphée[1] veuille bien les prendre dans ses bras.

---

[1] Morphée est le dieu des rêves dans la mythologie grecque. Il donne le sommeil en touchant une personne avec des pavots soporifiques qu'il tient dans sa main

Bientôt ce duel entre l'ombre et la lumière va s'interrompre. La dernière auréole de clarté s'estompe à mesure que je m'éloigne du dernier lampadaire. Bientôt, je ne verrai plus rien, je devinerai tout au plus mon chemin. D'autres sens devront aider mes yeux pour que je puisse avancer. Cette petite route de campagne me conduira à travers champs, puis s'enfoncera dans une forêt dense avant de traverser un marais. A présent je ne vois plus rien du tout et je dois deviner où poser les pieds, guidé par le souvenir diurne de cet endroit. Il me faut un certain temps pour m'acclimater à cette opacité. Je m'arrête et écoute la nuit. Rien. Je force le regard. Rien. La patience me guide et, petit à petit, je redeviens capable de discerner des nuances de noir, et je devine la route qui est devant moi. Je me souviens de mes cours sur l'œil et la vision. Plus particulièrement ce formidable organe photosensible qu'est notre rétine. Adaptée aux couleurs dans son centre, sa périphérie discerne mieux les nuances de gris. J'entends encore mon professeur nous parler des cônes et des bâtonnets[1]. Instinctivement, je cesse de forcer le regard et mentalement, j'élargis mon analyse visuelle à tout ce que je perçois plus bas, plus haut, plus à droite, plus à gauche. Contre toute attente, la

---

[1] Les cônes et les bâtonnets sont les cellules nerveuses réceptrices qui se différencient notamment par leur capacité de perception : les bâtonnets fonctionnent lorsque la lumière est faible et perçoivent le noir et blanc, tandis que les cônes fonctionnent en pleine lumière et perçoivent les couleurs. La répartition de bâtonnets permet d'accroitre la sensibilité à la lumière en périphérie de rétine. Par exemple, on voit mieux une étoile la nuit en fixant un point imaginaire à côté.

nuit on voit mieux ce qu'on ne regarde pas. Mon environnement se dessine. Ma route devient plus évidente. Me voilà paré. Il y a d'abord les champs à traverser. Puis la forêt.

Instinctivement je lève les yeux vers le ciel et ses éclats scintillants que les lampadaires m'avaient cachés jusque-là. Je redécouvre une splendeur, une beauté, une immensité. J'ai l'impression que toutes ces étoiles m'appartiennent, font corps avec moi. Je me sens poussière d'étoile et je me persuade qu'elles me regardent. Bas sur l'horizon, la Grande-Ourse. Ma Belle l'appelle le Grand Chariot. Figure emblématique de notre ciel septentrional, cette constellation est sans doute la plus adulée par les couples naissants, les longues nuits d'été et d'amour. D'ailleurs, septentrion viendrait de ses sept étoiles les plus visibles, celles qui forment la casserole, pour désigner de manière sûre cette direction.

J'ai toujours été attiré par ce monde féérique des étoiles et des constellations. En guise de premier pas vers ce monde inconnu, je m'étais amusé à apprendre par cœur le nom de ses sept étoiles ; Dubhe, le bord extérieur de la casserole, Merak et Phecda, le fond, puis Megrez, là où est attachée la queue, puis Alioth, Mizar et Alkaid qui forment la queue. Puis d'autres étoiles, d'autres constellations ont complété cette liste pionnière. Progressivement, ce monde est devenu familier. Cette nuit, elles étaient mes compagnes de route, elles veillaient sur moi, je n'étais pas seul.

En pareille circonstance, déambulant seul dans la campagne la nuit, on fait preuve d'une vigilance accrue. Le moindre petit bruit comme le craquement d'une branche ou le cri d'un animal nocturne force aux aguets et malmène la rationalité. Si parler de peur est excessif, il faut néanmoins reconnaître une certaine appréhension contenue de l'inconnu invisible, qui dans ce contexte tient du pléonasme. Cette sensation d'hyper vigilance s'est soudainement renforcée. Je traverse à présent cette portion de forêt dans laquelle s'insinue ma route. Les arbres ne sont que d'immenses blocs d'un noir profond qui réduisent la voûte céleste et assombrissent encore mon espace. Mes yeux peinent à conserver la bonne direction, tant la route semble se confondre dans les dégradés ébène des abords. À plusieurs reprises, mes pieds quittent l'asphalte pour fouler l'herbe des bas-côtés. Je rectifie ma trajectoire. A certains endroits, ces monstres lugubres se rejoignent au-dessus de ma tête et mes belles étoiles disparaissent. Comment est-ce possible que, le jour, ces arbres soient si beaux, si grandioses et la nuit si ténébreux et si terrifiants ?

C'est à ce moment que je fais une découverte extraordinaire.

Quand je cherche à discerner dans cette quasi obscurité toutes ces choses qu'il m'est impossible de voir et donc d'analyser, de reconnaître et de catégoriser, une certaine angoisse devient palpable. Les zones totalement obscures par l'absence de lumière le sont aussi par l'absence de certitude de ce qu'elles sont vraiment. Persister à vouloir analyser le néant fait le lit de divagations irrépressibles.

Mais dès que je lève les yeux et que j'accroche de mon regard l'une ou l'autre de mes petites étoiles, alors toute angoisse disparaît sur le champ. Plusieurs fois, afin de m'en persuader, je fais cette expérience, abaisse puis relève la tête. Le ras du sol me replonge dans le questionnement d'un danger potentiel, met mon cerveau reptilien en alerte et distille le niveau de vigilance approprié. En revanche, regarder le ciel et mes étoiles me porte au-dessus des contingences noires qui m'entourent, efface toutes ces sensations négatives et me redonne une assurance tranquille.

Alors je marche à présent la tête dans les étoiles. Étonnement, je ne dévie plus de la route noire. J'arbore un sourire confiant que seules mes belles étoiles peuvent voir sur mon visage. Je sors de cette forêt le cœur léger.

Le halo de lumière de la ville déchire lentement l'obscurité tenace et agit comme un phare guidant mon chemin. Dans peu de temps je serai dans mon lit et je remercierai mes étoiles de m'avoir aidé à traverser les ténèbres.

Je m'endors comme une masse avec ce même sourire aux lèvres que j'avais en levant la tête au milieu de la forêt.

L'image revient, et avec elle une infinie bienveillance que je ressens très fort. Je perçois l'intention de ma belle étoile.

Les sentiments qu'elle induit en moi n'ont pas de mots dans le langage des hommes.

— Dubhe, tu m'as guidé une fois de plus à travers la nuit. Je veux juste te dire merci.

— Petit Homme, tu n'as pas besoin de dire merci car en levant simplement ton regard vers moi tu prouves ta reconnaissance.

— Quand je te regarde au milieu de tes semblables, je n'ai plus peur de mon obscurité.

— C'est normal, tu es dans ma lumière, c'est un peu comme si tu étais chez moi.

— Mais c'est impossible de venir chez toi, tu es bien trop loin !

— Dans ton monde c'est effectivement impossible ; mais dans ta tête, tu es déjà là, tout près de moi, la preuve c'est que tu n'as plus peur.

— C'est comme si mon corps était resté collé à la route et que mon esprit était tout près de toi.

— Dans ton monde, Petit Homme, tellement de choses sont difficiles, sombres, lentes voire impossibles ; dans l'autre monde, celui qui est à l'intérieur de toi, tout devient facile, lumineux, immédiat. C'est le monde de tous les possibles, où la peur est remplacée par la lumière. Ce soir, Petit Homme, tu as fait un pas vers la connaissance de ton monde intérieur, en levant les yeux.

— Dubhe, ma chère Dubhe, tout ceci me semble si terriblement normal, si profondément évident, si

authentiquement réel, mais… ce n'est sûrement qu'un rêve…

— Oui. C'est la seule manière que possèdent les étoiles pour parler aux Petits Hommes comme toi. Tu auras certainement une sensation étrange à ton réveil, et tu oublieras notre conversation. Souviens-toi seulement d'une chose, d'une seule. Notre petite conversation que nous venons d'avoir est comme une image, instantanée, et ton être intérieur l'a perçue hors du temps, hors de ton temps ; dans ton univers, Petit Homme, cette même conversation aurait duré plus de mille ans. Ne l'oublie pas. Fais de beaux rêves, Petit Homme.

Le lendemain matin, une sensation bizarre et troublante persiste.

Le sommeil favorise mille et une pensées, parfois dans un désordre indescriptible. Ainsi ce break nocturne, en plus de la fonction de régénérer notre corps, concentre dans un fourre-tout désordonné toutes les informations que notre cerveau a tenté de traiter, avec plus ou moins de réussite. Le réveil, c'est un redémarrage à froid dans notre réel. Cependant, il nous faut quelques minutes pour faire un gros ménage et ne garder que ce qui va pouvoir nous guider dans le concret de la nouvelle journée. Se reconnecter à la réalité environnante. Et chasser toutes pensées parasites pouvant nous faire dévier de notre programme.

Cependant, une image ne me quitte pas.

Plus de mille ans.

Je fais un effort pour recoller les bribes fugaces enfouies dans les limbes de mon cerveau. Combien de fois avais-je en vain tenté de verbaliser un rêve ? Les images s'évaporent comme de l'éther. Les mots, à peine prononcés, perdent leur sens. L'effort soutenu pour se souvenir produit l'effet inverse et désagrège malgré nous les fragiles réminiscences. Le temps est assassin. Tout fait pschitt ! Il ne reste presque plus rien.

Vite ! Les mettre dans les bons casiers ! Les mémoriser autrement afin que je puisse les retrouver. Sauver ce qui peut l'être.

Dans ton univers cette conversation aurait duré plus de mille ans.

Pauvre fou ! Voilà que tu parles avec les étoiles, maintenant ! Ce doit être le manque de sommeil, ou le sentiment amoureux qui bouscule tellement de certitudes, qui te fait faire des choses tellement impensables en d'autres circonstances. Tiens donc ! Près de huit kilomètres à pieds, seul, en pleine nuit. Qu'est-ce qui se passe dans ta tête ? À moins que ce ne soit dans ton cœur ? Et puis, mille ans pour un échange qui n'excède pas cinq minutes, serait-ce avec une étoile…

Je n'ai rien pris pourtant ! Quelques cigarettes, aucun alcool… Pourquoi cette pensée ne me quitte pas ? A qui pourrais-je un jour confier tout cela sans déclencher un appel aux urgences psychiatriques ?

A moins que…

J'ai une piste. Je me précipite sur ma bibliothèque. Mon bouquin sur mes chères étoiles. La Galaxie. Les constellations. Ursa Major, la Grande Ourse. Dubhe, ma première amie du ciel. Sa référence : αUMa. Son nom vient de l'arabe Dubb. Ça veut dire Ours. Elle est 100 fois plus brillante que le Soleil. Elle se situe à près de 124 années-lumière[1] de notre planète Terre !

124 années-lumière, ça veut dire qu'à la vitesse de la lumière, il faut 124 ans pour couvrir cette distance qui correspond à environ cent vingt mille milliard de kilomètres !

Donc en imaginant un super téléphone doté d'un super réseau qui fonctionne à la vitesse de la lumière, il faut attendre 124 ans pour que j'entende ce que Dubhe me dit ! Et de nouveau 124 ans pour qu'elle entende ma réponse, et ainsi de suite. Au total, notre petite conversation aurait duré plus de mille ans !

---

[1] Unité astronomique correspondant à la distance parcourue par la lumière dans le vide en un an, soit 9 461 milliards de kilomètres

4 - La lumière, témoin de notre temporalité

Le temps met tout en lumière.

Thalès

Le temps, l'espace et la lumière sont étroitement liés.

Plus on regarde loin dans l'espace, plus on regarde loin dans le temps. Donc, plus on regarde loin, plus on regarde tôt. À cause de la lumière. Sa vitesse n'étant pas infinie, plus elle émane du lointain, plus elle met du temps à nous atteindre. Nous ne pouvons voir la lumière que quand celle-ci frappe notre rétine et non au moment de sa genèse. Ce délai est notable pour nos étoiles. Bien sûr ce n'est pas sensible dans notre vie quotidienne car les effets de cette absence de simultanéité entre l'émission et la réception sont indécelables et totalement négligeables. Si nous percevions le feu rouge avec huit minutes de retard, ce serait un sacré chaos dans nos villes. Bien heureusement, la lumière du feu rouge nous parvient dans un délai insignifiant.

Huit minutes environ, c'est pourtant le temps que met la lumière du Soleil pour nous parvenir. L'équation est simple : 149,6 millions de kilomètres nous séparent du Soleil. La lumière qui parcourt 300 000 kilomètres par seconde a donc besoin de 500 secondes pour couvrir cette distance, ce qui équivaut à 8 minutes et 20 secondes. Avons-nous conscience de ce décalage dans notre quotidien ? La réponse est non.

Faisons cette expérience ; asseyons-nous au soleil et réglons le minuteur de notre Smartphone sur 8 minutes et 20 secondes. Fermons les yeux et concentrons-nous sur l'émission de lumière de notre étoile au moment où nous démarrons le compte à rebours, comme si celle-ci venait de s'allumer comme une ampoule électrique. Attendons. Visualisons ce paquet de lumière fonçant vers nous à la vitesse la plus élevée que notre univers puisse connaître. Considérons cette vitesse phénoménale, mais aussi la distance considérable de ce faisceau de photons[1]. Attendons. Attendons encore. 8 minutes

---

[1] Corpuscule élémentaire ou quantum d'énergie lumineuse dont le flux constitue le rayonnement électromagnétique

20 secondes, c'est long quand on y consacre toute son attention. Cette fusée de lumière continue sa route, pointée vers notre rétine. Mais elle est encore loin, très loin. Il doit rester dans les 4 minutes, estime-t-on. Encore le même temps à attendre. 70 millions de kilomètres au bas mot. Nous sommes encore dans le noir le plus complet. En réalité, si nous ne sommes pas dans le noir, c'est que nous bénéficions de la lumière d'avant, une lumière fossile en quelque sorte. Gardons les yeux fermés pour faire comme si. L'impatience nous guette. Difficile de se représenter ces indénombrables particules de lumière filant vers notre planète qui vont soudain nous éblouir, nous donner leur chaleur, transfigurer nos paysages et nous donner la vie. Et pourtant, ce n'est qu'au terme d'un long voyage qu'elles peuvent réaliser tout cela. À présent, il doit rester deux minutes. L'obscurité est totale. Le mur de lumière approche. Rien ne le freine ni le dévie. Ou à la marge seulement. Impact dans quelques secondes maintenant. On n'est pas dans un film catastrophe américain. On est dans la vraie vie. Celle qui se nourrit de la lumière de notre étoile. 5, 4, 3, 2, 1… La sonnerie du Smartphone marque la fin du temps. J'ouvre les yeux et le mur de lumière me frappe au visage et m'aveugle le temps de l'accommodation. Je viens de recevoir une lumière vieille de 8 minutes et 20 secondes. Ce temps m'a fait mesurer à quel point le soleil, ce que nous appelons le soleil, n'est en fait qu'un leurre, une illusion d'instantanéité. Chaque fois que nous observons cette belle lumière, un lever ou un coucher de soleil, ou tout phénomène provoqué par le rayonnement solaire, nous ne voyons qu'une réalité vieille de

500 secondes. Nous bénéficions d'un éclairage en différé, mais nous ne le voyons pas, car jamais le Soleil ne s'éteint ni ne se rallume. Même quand il nous est caché la nuit ou lors d'une éclipse, ce décalage n'interfère pas dans notre quotidien.

Dubhe, ma chère étoile de la Grande Ourse, doit attendre 124 ans pour recevoir la lumière de sa petite sœur, le Soleil.

Que dire alors des étoiles lointaines ?

Quand nous observons notre beau ciel nocturne, nous voyons en fait un leurre extraordinaire ; ce que nous voyons n'est que la lumière parvenue jusqu'à nous. Nous ne voyons pas les étoiles. Rien que dans notre Galaxie, la Voie Lactée, les objets visibles, hormis notre système solaire, ont émis leur lumière que nous sommes en train d'observer dans un passé situé entre une centaine d'années et plusieurs centaines de milliers d'années. L'image magnifique de notre voûte céleste est un trompe-l'œil absolu.

Et si nous avions des yeux aussi performants que notre télescope spatial Hubble[1], nous aurions vu cette galaxie GN-z11[2], située dans la constellation de la Grande Ourse, telle

---

[1] Télescope spatial opérationnel depuis 1990 qui tient son nom de l'astronome américain EDWIN HUBBLE. Ses performances d'observations tiennent notamment au fait qu'il s'affranchit de l'atmosphère terrestre

[2] À sa découverte en 2016, GN-z11 était la plus lointaine et la plus ancienne galaxie connue dans l'univers observable

qu'elle était quand notre Univers n'avait que 400 millions d'années ! Sa lumière aura en effet mis 13,4 milliards d'années pour parvenir jusqu'à nous.

Alors arrêtons-nous un instant sur ce phénomène absolument fantastique.

Nos sens nous trompent. Nous trompent tous. Ce n'est qu'à force de suivre le cheminement de pensée qui précède que nous pouvons percevoir l'autre réalité qui tient compte du facteur temps. Ce temps est un sacré farceur. Il a la faculté de tordre le cou à notre conviction du réel. Il distille, pour peu que nous lui tendions l'oreille, sa réalité chronologique et bouscule notre compréhension première dictée par nos sens. Non, les objets célestes que tous les terriens croient pouvoir observer ne sont que les images de réalités beaucoup plus anciennes. Certaines étoiles, certaines galaxies ont peut-être disparu depuis des centaines d'années voire des centaines de milliers d'années, tandis que nous en observons encore la lumière fossile dans notre ciel.

Alors, pourquoi ce chapitre sur la lumière ? Quel est le rapport avec le temps qui nous préoccupe ?

Revenons un instant à la vitesse de la lumière, très exactement 299 792 458 mètres par seconde. Précisons qu'il s'agit de la vitesse maximale dans le vide, car elle peut être ralentie en traversant différents milieux non vides. Celle-ci est fixe quelque soit l'endroit où l'on se trouve, et a ceci de très particulier : rien ne peut dépasser cette vitesse. Ni elle ni toute autre particule ou corps. Reprenons l'exemple d'un voyageur dans le TGV qui allume sa lampe torche dans le sens de la marche. L'intuition voudrait que la vitesse de la lumière de sa torche soit l'addition de la vitesse du TGV et de celle de la lumière. En roulant à 300 km/h soit un peu plus de 83 m/s, on aura le réflexe d'additionner les 299 792 458 m/s de la lumière avec les 83 m/s du train, ce qui donnerait 299 792 541 m/s.

Il n'en est rien. La vitesse de la lumière reste inchangée. L'explication de la physique est que celle-ci ne dépend pas du repère dans lequel on se trouve. Considérons 3 repères, appelés repères inertiels : la gare, le TGV et un avion. Il est bien évident que les vitesses de tous les objets dans ces repères sont relatives au repère dans lequel ils sont. Ce n'est pas le cas pour la lumière. Si l'on se trouve dans le repère inertiel de la gare en étant un observateur immobile sur le quai, ou dans le repère du TGV filant à 300km/h, voire dans celui d'un avion volant à 900km/h, notre lampe torche projettera son faisceau à la même vitesse, et ce dans toutes les directions et pour tous les observateurs quelque soit le repère dans lequel il se trouve. La vitesse de la lumière est une constante universelle, invariable et constitue une limite infranchissable.

Si la vitesse de la lumière est absolue, alors une des conséquences majeures est que l'espace et le temps ne le sont plus.

L'espace et le temps ne sont plus uniformes comme le pensait Newton[1].

Einstein parle d'un espace-temps dont la perception dépend de la vitesse. Nous sommes en 1905. La théorie de la relativité restreinte est née[2].

Le temps vient de perdre son absolu. Il a renoncé à produire ses effets de manière universelle. Il s'est plié au circonstanciel. Il n'y a pas qu'un seul temps qui vieillirait tout à la même vitesse. Il y a des temps différents. Le mouvement ralentit le temps. Une horloge en mouvement avancera moins vite qu'une horloge immobile. Le paradoxe des jumeaux de Langevin est une expérience de pensée qui illustre ce fait : un jumeau fait un voyage spatial à une vitesse proche de la lumière. Son frère jumeau reste sur Terre. A son retour, celui qui aura voyagé aura moins vieilli que son frère resté sur Terre. Le temps s'est écoulé moins vite dans le vaisseau spatial (en mouvement) que sur Terre (immobile). Ce phénomène a été confirmé expérimentalement avec des horloges atomiques,

---

[1] L'espace et le temps du physicien anglais ISAAC NEWTON sont absolus, c'est-à-dire les mêmes pour tous. Il définira le temps « *absolu, universel qui préside à l'ordre des choses* », ce qu'ALBERT EINSTEIN rejettera plus tard

[2] Un des piliers de la théorie de la relativité restreinte d'ALBERT EINSTEIN énoncée en 1905 est la remise en cause des notions de simultanéité et d'espace absolus.

l'une embarquée à bord d'un avion et l'autre restée au sol[1]. Alors qu'elles étaient parfaitement synchronisées, elles ont affiché après l'expérience une différence certes infime mais une différence tout de même ! Le jumeau voyageur ainsi que l'horloge voyageuse ont troqué de l'espace pour du temps, en quelque sorte…

Mais Einstein ne s'arrête pas là. La gravitation, ce phénomène qui fait s'attirer les corps entre eux, qui nous 'colle' à la Terre et fait tourner les planètes autour du Soleil, devait être intégrée à sa théorie. En plus des considérations de vitesse, il fallait aussi tenir compte des considérations gravitationnelles. Dans la théorie de la relativité générale, un objet massif comme une planète ou une étoile courbe l'espace-temps et le dilate. Il dilate donc aussi le temps. Le temps s'écoule moins vite sous l'effet de la gravitation. Pour illustrer ce phénomène, deux horloges identiques se décaleront si elles sont situées à des altitudes différentes, parce que soumises à des gravités différentes. Plus le champ gravitationnel est important, plus le temps s'écoule lentement.

Vitesse et gravité, voilà deux effets relativistes majeurs de distorsion du temps dans nos satellites GPS qui calculent

---

[1] L'expérience de Hafele-Keating a consisté, en 1971, à embarquer des horloges atomiques synchronisées à bord d'avions commerciaux qui firent deux fois le tour du monde, l'un vers l'Est et l'autre vers l'Ouest. À l'arrivée, les horloges présentèrent le décalage prévu par la théorie. L'expérience a été répliquée avec succès en 1975, 1996 et 2010.

nos trajectoires et le temps estimé de nos parcours. Ils doivent être sans cesse corrigés, parce que les horloges embarquées battent plus vite que les horloges au sol[1].

Et voilà qu'en quelques décennies, des physiciens, astrophysiciens et autres chercheurs (Einstein n'était pas le seul à travailler sur ces sujets) ont bouleversé les connaissances du temps telles qu'elles existaient depuis des siècles. Ce temps paraissait soumettre tout à son inéluctable cours en s'écoulant de manière uniforme et indépendamment de tout évènement. Et voilà que ce temps réputé universel et absolu se retrouve dépendant de deux phénomènes : la vitesse et la gravitation ! Bien sûr, pour que les effets soient sensibles et appréhendables par nos sens, il faudrait que la vitesse et la gravitation soient extrêmement élevées.

Cependant, il n'est pas interdit de se demander ce qu'il adviendrait du cours du temps à la vitesse de la lumière ? S'arrêterait-il ?

---

[1] Les corrections relativistes des horloges atomiques embarquées dans les satellites GPS sont de deux ordres : le temps étant ralenti pour les objets en mouvement, elles subissent un ralentissement de 7 microsecondes par jour ; le temps s'écoulant plus rapidement dans un champ gravitationnel moins intense, elles subissent une accélération de 45 microsecondes par jour ; la résultante de ces effets est une accélération d'environ 38 microsecondes par jour.

Il n'est pas non plus interdit de se poser la même question pour une force gravitationnelle tendant vers l'infini. Le temps serait-il comme figé dans un présent éternel ?

Il existe dans l'univers des objets célestes, les trous noirs, que l'on appelle ainsi parce qu'ils n'émettent aucune lumière. En réalité ils concentrent une masse tellement considérable que celle-ci ne cesse de s'effondrer sur elle-même à cause de sa propre gravitation. Ces objets célestes avalent tout ce qui croise leur chemin, y compris les ondes électromagnétiques comme la lumière. Contrairement aux étoiles qui émettent de la lumière, les trous noirs l'absorbent sitôt qu'elle franchit l'horizon des évènements, cette frontière agissant comme point de non retour. Dans cette zone infiniment petite, infiniment dense, infiniment froide, les lois de la physique ne s'appliquent plus. L'espace et le temps n'existent plus selon ces lois-là.

À supposer qu'un voyageur imprudent[1] se fasse happer par un trou noir, son temps serait extraordinairement ralenti, sans qu'il ne s'en rende compte lui-même. À supposer encore qu'il puisse observer son ancien monde, le nôtre, il pourrait avoir le temps d'en observer des milliers ou des millions, voire des milliards d'années !

Se pourrait-il qu'il soit devenu éternel ?

---

[1] Clin d'œil à RENÉ BARJAVEL dont le roman Le voyageur imprudent a sans doute largement contribué à développer ma passion pour le temps dès mon plus jeune âge.

5 – La chute

Dieu a aussi son enfer : c'est son amour des hommes.

Friedrich Nietzsche

1993. Dans un autre petit village lorrain.

Je perçois des hommes tout habillés de sombre avec des bandeaux réfléchissants et des grosses bottes noires. Sortis de mes rêves, de mon imagination, ou vision du réel ? Rien dans l'épais brouillard mental ne me permet de relier cette scène à une quelconque continuité logique. Les stimuli sont trop infimes et trop fuyants. Je suis figé dans une émergence larvaire qui brouille mon discernement.

Ils sont deux, peut-être trois. J'ignore qui sont ces gens et ce qu'ils s'apprêtent à faire. Je perçois des échanges entre ces hommes, et aussi avec ma Belle. Mais je n'entends pas vraiment. Je ne comprends rien à ce charivari. Je me sens au ralenti, comme englué dans une pâte invisible d'où il m'est impossible de m'extraire. Je n'ai qu'à refermer les yeux pour sombrer à nouveau dans le néant. La seule conscience qui m'effleure à ce moment-là, c'est d'être dans ma chambre, dans mon lit, et dans la nuit à cause des lampes allumées dans notre chambre. Cet embryon de conscience m'échappe à nouveau.

Après un temps indéterminé, je reviens à une forme de somnolence perméable à quelques sensations. J'entends cette fois les hommes parler entre eux. Je ne suis plus dans ma chambre. Je suis en haut du palier. Les hommes sont affairés autour de moi. Les choses se déplacent lentement autour de moi. On me transporte. Je comprends que je suis à l'horizontale, sans doute couché sur une civière. Les hommes parlent fort et je comprends qu'ils ont du mal à manœuvrer sur ce petit palier à angle droit avec cet encombrant insolite : moi. Ils font tout leur possible pour me ménager, mais, plusieurs fois, j'ai ressenti des chocs contre les murs dans ce passage exigu.

De nouveau un blanc ou devrais-je dire un trou noir. Car à présent je comprends que je suis maintenant dans leur véhicule. J'ai dû entre-ouvrir à nouveau mes yeux parce que les images furtives sont celles d'un environnement de lumières fortes, de structures métalliques, d'appareillages sans doute médicaux. Quelqu'un est penché sur moi. C'est la dernière image de ce premier épisode. C'est la troisième fois que mon temps s'arrête. Non pas qu'il se fige, dans une stagnation continue et vaguement consciente. Non. J'ai sombré dans un non-temps.

Je n'ai aucune lecture émotionnelle de ces instants étranges. Un inéluctable déroulé de moments sans surprise, sans affect, sans jugement, sans combat. Je suis un observateur lointain et totalement passif de ce qui vient de m'arriver, et je dois suivre la route que mon destin vient de m'imposer. C'est ainsi.

Les prochaines images sont pour moi terrifiantes. Je suis dans un couloir d'hôpital. Ils se ressemblent tous. J'y erre seul et aperçois la fenêtre à son extrémité. Je m'en approche. Ce qui m'y pousse, c'est cette appétence pour le connu, le vivant, le monde d'avant. Sortir de cet épisode incompréhensible qui n'a pu revêtir aucune logique, aucune explication, à moins que je ne fusse pas en mesure de les recevoir. Sans doute ma Belle m'aura expliqué les évènements, aura mis des mots sur toutes ces choses qui me sont arrivées. Mais je suis bien incapable d'en comprendre le sens. Je sens qu'au fond de moi quelque chose a changé. Mais quoi ? J'ai tellement de mal à remettre de l'ordre dans ma tête…

Retrouver un fil conducteur, un fil d'Ariane qui me sorte de cette survie sans saveur, sans sensation, et qui me ramène à ma vie d'avant, celle qui avait ses joies et ses peines et le bonheur de les vivre et de les conjurer.

C'est un paysage citadin qui s'offre à mes yeux. Je le regarde intensément, je scrute les maisons, les rues, les immeubles. Les premiers plans, les arrières plans, l'horizon… Je ne reconnais rien. Je reste là, hagard, et je sens monter en moi une angoisse de plus en plus forte. Je recommence une analyse méticuleuse de ce que je vois. Ma Belle m'a confirmé l'endroit où je me trouvais, et je suis censé le connaître. Un grand hôpital dans cette ville qui m'a vu naître, un peu en hauteur, sur une colline. Un endroit où je me suis rendu bien des fois pour maintes raisons. Rien. Je ne reconnais rien. Je cherche des clochers d'église, des buildings que je connais par cœur. Rien. Que m'est-il arrivé ? Que m'a dit ma Belle ? M'a-t-elle seulement expliqué ce qui m'est arrivé ? La confusion est totale. L'angoisse laisse peu à peu la place à l'épouvante. C'est ma première émotion depuis les hommes en noir. Je prends conscience que ma tête ne fonctionne pas comme elle devrait le faire. Je dois pouvoir reconnaître ma ville. Mais je n'y arrive pas, c'est impossible ! Pour la première fois, je pèse les conséquences du mal qui m'a frappé. Du grand mal précisément. Oui ma Belle m'a parlé d'un premier diagnostic. Une crise d'épilepsie, une double crise, avait-elle dit. Je n'y connais rien. Un orage électrique dans mon cerveau. Sans grande conséquence, m'avait-elle rassuré. Bientôt je rentrerai à la maison.

J'ai le nez collé à la vitre. Le tableau qui s'offre à moi est toujours désespérément nouveau et inconnu. Mon cerveau m'a joué un sale tour. Vais-je retrouver un semblant de mémoire des choses d'avant ? Je suis terrorisé. Rien ne reviendra, ni ce jour ni les jours d'après. Je vais mettre du temps à comprendre ce qui m'arrive. Je me refuse aux pronostics. L'idée même que cela puisse perdurer m'est insupportable. Je suis dans une impasse.

Les quelques jours suivants passent sans que je n'aie gardé de souvenirs marquants, jusqu'à cette fameuse soirée. Celle-ci, je ne pourrais sans doute jamais l'oublier. Alors que physiquement tout semblait être sous contrôle, je commence à sentir une lassitude grandissante qui me gagne. Un mal être sournois et pesant. Des sensations très bizarres. Nous sommes deux dans cette chambre d'hôpital. Mon voisin d'infortune a remarqué que je n'allais pas bien. Nous échangeons un peu lui et moi. Le temps passe et avec lui une sensation très désagréable d'oppression augmente. J'ai chaud. J'ai envie de frais, de froid. J'essaie de boire pour avoir un peu de fraîcheur. Mais l'eau est à température ambiante, presque tiède et a l'effet inverse de ce que j'attends. Rien n'y fait. Les fenêtres ne s'ouvrent pas. Je me rafraîchis à la salle d'eau. C'est insuffisant. Je commence à avoir une respiration courte, rapide. Je sens qu'elle est de plus en plus inefficace. Je transpire. Je manque d'air. J'essaie de me calmer. Je me recouche et tente de diminuer l'inconfort grandissant par le calme et l'immobilité. J'ai de plus en plus chaud. Je suis mouillé de transpiration. Il semble que j'ai de plus en plus de mal à respirer. Mes inspirations sont difficiles, rapprochées, saccadées. Je ne suis plus capable de penser. Mon cerveau déjà bien malmené doit faire face au manque d'oxygène. J'étouffe, mais je ne m'en rends pas compte. Je ne trouve pas les mots pour décrire ce que je ressens. Mon environnement se rétrécit. Je ferme les yeux. Je suis à la merci de mon destin. Je ne peux plus rien gérer. Je ne peux plus réfléchir. Je ne peux plus agir. Sombrer ou dormir, dormir ou sombrer, peu importe. Cela n'a plus d'importance. Pourvu que ce mal-être qui m'a maintenant totalement envahi ne m'inflige plus cette sensation de petite mort. Se laisser partir, était-ce là mon ultime réflexe d'auto-défense ?

Ce qui s'est passé après reste du domaine de l'hypothèse : soit je me suis endormi, soit j'ai perdu connaissance. Ou les deux successivement.

*
**

J'ouvre les yeux. Je me trouve dans une grande salle aux murs vert pastel, dans un état de bien-être très agréable. Il y a des appareils avec des moniteurs, des tuyaux et des câbles à foison, et une grande baie vitrée sur ma gauche. A cet instant, rien de cette horrible nuit n'est présent dans ma mémoire. J'ai purgé toutes les séquences négatives des jours passés. Encore mon cerveau qui me joue des tours, à moins que ce ne soit l'effet de traitements médicamenteux. Je flotte dans une douce légèreté, sans douleur et même sans aucune gêne. Étonnamment, je ne respire pas, en tout cas pas consciemment. Je comprends rapidement que je suis intubé et qu'une machine se charge de faire le travail à ma place. D'ailleurs, un bruit répétitif me le confirme. Je n'ai aucun effort à faire, même pas celui de respirer. Mon lit est d'un confort absolu. Je suis dans le service de réanimation de l'hôpital. Le temps passe. Mais quel temps ? Celui-la n'a pas la même densité. Combien de temps ? Impossible de savoir. Quelle heure est-il ? Même s'il y avait une pendule, je ne saurais dire si c'est le matin ou l'après-midi. Progressivement, je reprends conscience de mon corps. J'ai les deux mains attachées au lit avec des sangles. Qu'importe, je n'en ai pas besoin. Je vois des tuyaux rouges qui disparaissent dans une drôle de machine qui ronronne doucement. Je sens la présence de cathéters, un dans le cou, un autre dans la cuisse. Je suis à peine intrigué par ma nouvelle situation. Je suis sondé. Décidément, je n'ai à me soucier de rien. Tout cela me paraît presque normal.

Une infirmière ne tarde pas à venir me voir. Elle me sourit et me parle. Me demande si je suis réveillé. Comment je m'appelle. En quelle année nous sommes. Elle guette mes réactions. Elle est d'une grande douceur et très calme. Elle sait bien que je ne peux pas répondre, avec le respirateur. Elle me détache les mains. Mes premiers gestes sont lourds et assez inhabiles. Elle me tend une petite ardoise et une craie. C'est un effort considérable qu'il me faut produire pour m'en saisir, et un effort encore plus grand pour écrire dessus. Je renonce. Un grand sourire compréhensif. Une bienveillance palpable. Je me relâche. Je suis paisible. Je suis bien.

Je dois dormir longuement et profondément. Sommeil ponctué de nombreux contrôles dont je suis l'objet. Bizarrement, le seul temps dont j'ai conscience ressemble au présent mais n'abrite qu'une présence de moi diffuse et intermittente. Pendant tous ces instants de durée indéterminée, il n'existe dans mon monde qui s'éveille lentement ni passé ni futur. Je me sens comme réinitialisé, sans souvenir et sans projet.

J'ai de la visite, me dit-on et on me tend l'ardoise pour que je puisse communiquer. Derrière la baie vitrée se trouve deux ou trois personnes de ma famille, et ma Belle qui me regarde intensément. Tous ont un visage fermé et grave, sur lequel on devine qu'un drame est en train de se jouer. Tous sont abattus et tristes, incapables de dissimuler leur effroi.

Tous, sauf ma Belle.

Elle a au contraire le visage détendu, calme, presque serein. Je devine même une esquisse de sourire. Aucune panique, ni désarroi, ni tourment d'aucune sorte. Au contraire, il reflète la force de l'apaisement. D'elle émanent une assurance tranquille et une confiance que rien n'aurait pu altérer. Ses yeux me mènent droit à son âme. Son sourire discret est celui de celle qui refuse ces apparences trompeuses, qui me crie silencieusement de ne pas m'inquiéter. Qu'elle sait.

Ce sourire-là, jamais je ne l'oublierai.

Jamais.

6 – LA PERCEPTION HORS DU TEMPS

L'essentiel, peut-être, est intemporel.

ALBERT JACQUARD

Il y a des choses que l'on hésite à partager avec ses semblables. Souvent elles restent dans la sphère privée quand elles ne sont pas volontairement tues au fond de nous-mêmes, par crainte d'incompréhension, de railleries voire de jugements délétères. A l'appui de ce fait, nos prisonniers des camps nazis, quand ils avaient la chance d'en revenir, n'ont pas raconté les réalités vécues. Ils savaient qu'ils n'avaient que très peu de chance d'être crus. Il m'a cependant paru indispensable de dévoiler une partie de mon vécu à l'appui de cette merveilleuse certitude que notre intériorité n'est pas soumise au temps.

Ce n'est qu'après un certain temps que ma Belle s'est confiée à moi sur ce qui s'est passé en son for intérieur à l'occasion de ma descente aux enfers.

La chronologie est la suivante.

Cette nuit-là je m'étouffais des suites d'un blocage rénal entraînant un œdème pulmonaire aigu. Cette noyade programmée m'a fait perdre connaissance. Constatant la gravité de la situation, mon voisin de chambre a donné l'alerte. J'ai immédiatement été transféré dans le service de réanimation où l'on m'a apporté les soins appropriés en pareille circonstance.

Mon état ayant été jugé très critique avec, comme on dit en pareille circonstance, le pronostic vital engagé, le médecin réanimateur a tenté de prévenir la famille, sans succès. Elle n'a jamais reçu aucun appel téléphonique. Les numéros étaient les bons, pourtant. Son devoir était d'informer la famille qu'il fallait peut-être s'attendre au pire. Mais il n'a pas pu le faire.

Pour la cohérence du récit, j'ajoute que nous étions en passe de signer pour l'acquisition de notre terrain et la construction de notre maison. Détail purement matériel mais qui a son importance à cause de ce qui suit.

⁂

Ma Belle ignore tout de ce qui est en train de se passer cette nuit. Elle n'a reçu aucun appel téléphonique.

Mais elle entend au cours de cette même nuit des paroles fortes, qu'elle sait immédiatement véritables. Le doute n'a aucune prise. Sa conviction est totale. Elle dira qu'un ange lui a parlé, et que c'était si fort, si réel, si puissant qu'aucune autre force ne pouvait le faire taire…

« C'était inutile que tu voies Pascal cette nuit dans cet état grave. Il va s'en sortir et guérir. Ne l'oublie pas. »

« Ensemble vous aurez votre maison et encore un enfant. Ne l'oublie jamais. »

D'autres éléments de cette réception intemporelle ne seront pas rapportés ici, et seront préservés dans le cadre intime de la famille, comme un cadeau inestimable de ce guide venu parler en esprit à ma Belle. Que le lecteur se rassure, ces éléments n'auraient pas apporté plus d'éclairage sur le sujet de ce chapitre.

« *On nous l'a ramené au ras des pâquerettes.* » a confié le médecin réanimateur le lendemain à ma Belle, « *Les machines tournent au maximum de leur capacité. Nous avons fait tout ce qui était en notre pouvoir. Nous ne pouvons rien faire de plus.* ». Et d'ajouter, comme pour dire – nous avons fait le nôtre, maintenant faites le vôtre –, « *Si vous êtes croyante, madame, priez.* ».

Telle fut la conclusion marquante du premier rapport médical factuel de ce médecin quand il l'a reçue pour la première fois. Très étonnant qu'un homme de science, ayant accompli tout ce qu'autorisait la technique du moment, ouvre la porte vers d'autres voies absolument pas scientifiques, avec le ton de celui qui croit autant à la force de l'esprit qu'à la puissance de la médecine.

Ce n'est que bien plus tard qu'elle a osé me confier ce qu'elle avait vécu.

« *Ce fut marqué au fer rouge dans mon cœur et dans mon esprit, et je fus empli d'une certitude inaltérable, et pourtant je ne pouvais rien dire à personne, car il fallait encore que ma raison me le permette…* », m'a-t-elle confessé.

Je laisse au lecteur le soin d'imaginer à quel point nous étions ébranlés par toutes ces choses. Et par la perspective heureuse de réaliser nos projets et d'avoir un deuxième enfant alors que tout semblait perdu…

Je venais de comprendre le sourire discret et pourtant tellement profondément empreint de joie, de cette joie pure issue de la conviction que cette histoire était déjà derrière nous et que tout allait s'arranger, de manière aussi subite qu'elle est advenue.

*
**

Deux ans et quelques mois plus tard, nous emménagions dans notre maison.

Trois ans plus tard, notre famille s'est agrandie avec notre deuxième enfant.

Le voile du temps qui nous sépare de notre futur s'était déchiré cette nuit-là, et, grâce tout à fait particulière, il nous avait montré quelques pages de notre avenir, bien en avance sur le temps des hommes. Ces trois informations très précises que l'ange a confiées à ma Belle cette nuit-là se sont révélées rigoureusement exactes.

Fort de cette extraordinaire expérience, est-il encore sensé de concevoir que tout est soumis au temps de la même manière ? Que rien ne puisse exister en dehors de ce temps-là ? Que le futur est inexistant par nature ?

Yehia Benchetrit[1], rabbin populaire, conférencier, très présent sur les réseaux, nous explique que les « *choses de l'esprit ne sont pas soumises au temps. Que notre être intérieur et une partie de notre cerveau sont dans une forme d'intemporalité, que nous-mêmes qui sommes dans le temps, ne pouvons conceptualiser. Ce non-temps que nous pourrions illustrer comme un présent continu est uniquement accessible par notre être intérieur. Il nous fait voir un temps unique, sans passé et sans futur. Ou plutôt un temps unique englobant ce qui nous apparaît être le passé et le futur. Cela veut dire que chacun d'entre nous contient son passé, ce qui semble normal compte tenu de cette faculté de mémoire que nous avons. Mais chacun contient aussi son futur, ce qui semble là extraordinaire. C'est la nature intemporelle de notre intériorité qui, de manière tout à fait logique, peut être considérée comme un objet unique, comme un tout ; et si nous parvenons à la considérer comme telle, alors passé et futur n'ont plus de sens.* »

---

[1] YEHIA BENCHETRIT est entré à la yechiva (centre d'étude de la Torah et du Talmud) d'Epinay en 1980, puis a commencé à enseigner en 1989. Il est devenu au fur et à mesure un rabbin populaire et apprécié de la communauté juive, ses cours en vidéos étant suivis par des milliers d'internautes

Passé et futur deviennent alors des déclinaisons temporelles d'un cours du temps dont l'unique fonction et de régir la matérialité. Et uniquement elle.

Une grande partie de l'humanité, croyante, s'accorde à dire que nous sommes constitués d'un corps matériel et d'un corps immatériel. Cette partie de nous non matérielle est souvent vue comme l'esprit, ou l'âme, ou les deux pris dans deux acceptions conceptuelles différentes selon les convictions spirituelles de chacun.

Le temps qui a déjà vacillé à l'épreuve de la théorie de la relativité d'Albert Einstein voit son champ d'influence considérablement restreint. Le voilà relégué au statut de compagnon de passage. De notre passage.

Et nous lui survivons.

7 – L'ESPRIT DU POÈTE

Histoire d'endormir le temps,
Calculateur impénitent,
De tout brouiller, tout embrouiller
Dans le fatidique sablier.

GEORGES BRASSENS
Extrait de *Trompe la mort*

1982. Verdun.

C'est l'hiver. La neige a déjà fait plusieurs tentatives pour imposer son manteau blanc au cours des semaines passées. Cette fois-ci, elle va remporter la victoire, c'est sûr ! Les températures ont fini par s'incliner, laissant se déployer la nappe immaculée sur les toits et les cours, comme sur tous les petits détails d'architecture du casernement qui piègent les flocons. Les arbres nus se sont rhabillés de blanc et les bâches des camions de transport de troupes ont troqué leur vert sombre pour l'éclat neuf et scintillant des cristaux de glace. Comme à chaque première neige, je ne me lasse pas de contempler ce tableau naissant et d'écouter ce nouveau silence. Comme à chaque fois, je ressens cette impression étrange d'un espace qui change de densité, d'une acoustique feutrée troublant la perception des distances et d'un temps qui prend son temps pour nous faire profiter de l'instant.

Ma vue se brouille lentement tandis que je reste suspendu à ces quelques pensées nées du panorama que m'offre cette petite fenêtre. Bientôt la buée sera trop opaque pour que je puisse distinguer tous les détails de ce nouveau tableau. Je m'éloigne et regagne la chaise de mon bureau métallique antédiluvien, bien décidé à reprendre le fil de mes activités. Je suis chef de section d'instruction au sein du 150ème Régiment d'Infanterie de Verdun. D'ici quelques jours, les nouveaux appelés du contingent vont arriver et les tâches ne manqueront pas.

Ce n'est pourtant pas cette activité-là qui restera dans ma mémoire des jours heureux, même si elle fut loin d'être déplaisante. Elle est d'une toute autre nature, née de la rencontre avec quelques camarades autour d'une passion commune : le grand maître de la poésie et de la musique, Georges Brassens. C'est une immersion aussi profonde qu'inattendue dans l'œuvre de ce grand homme, faiseur de chanson comme il aimait pudiquement se décrire.

Quel endroit improbable, quelle période insolite en effet pour conjuguer de manière inopinée cette parenthèse militaire avec la poésie et les refrains inoubliables de notre mentor ! A chaque fois que cela est possible, nous quittons cet univers glauque pour recréer le nôtre, où chaque mot, chaque vers, chaque note et chaque mélodie empruntés à notre ami nous procurent une joie intense sans cesse renouvelée. Nous créons notre propre monde à l'intérieur du monde, non sans s'amuser de célébrer haut et fort notre ami antimilitariste au sein même de cette caserne. Nous mesurons combien cette connexion avec l'esprit de son œuvre, dans une concordance parfaite, renforce les soudaines affinités des copains d'alors que nous sommes. Cette bulle enchanteresse nous transporte à chaque fois dans une joie de l'esprit pure et addictive, aux antipodes de la morosité de la vie militaire au sein d'un régiment de fantassins. Bien heureusement, les temps libres ne manquent pas. Ils sont tous des occasions de se retrouver et de jouer l'un de la guitare, l'autre du piano, de chanter, de réciter un couplet, de s'extasier sur ses textes savoureux, de reprendre mille fois un refrain avec à chaque fois plus de bonheur.

Le temps suspend son vol à chaque rencontre, et les soirées se prolongent tandis que nous nous enivrons de tabac, de musique et de poésie. Étonnamment, à mesure que les fumées s'épaississent dans cette pièce exigüe, notre acuité s'aiguise pour la pensée de Brassens. Chaque jour apporte son lot de découvertes et de ravissements. Là sur le sens caché d'un couplet, là sur l'extraordinaire audace d'un accord musical, là sur l'incroyable richesse harmonique qu'il maîtrisait parfaitement. Nous mesurons la difficulté parfaitement surmontée pour créer l'apparence de la simplicité. Faire simple n'est-t-il pas extrêmement compliqué ? Car si ses chansons ont l'air d'être naturelles et faciles de prime abord, ce n'est vraiment qu'une première et fausse impression. Les textes et les musiques distillent graduellement leur lot de révélations saisissantes à mesure que notre discernement augmente, notre sensibilité s'affine et notre amour pour son œuvre grandit. Les livres de chansons, les textes recopiés sur quelques feuilles glanées çà et là, les accords griffonnés sur des morceaux de papier deviennent au fil des jours des trésors inestimables. La guitare est notre inséparable compagne et les refrains marquants — en existe-t-il chez Brassens qui ne soient pas ? — sont fredonnés à l'envi dans nos bouches, dans nos têtes et dans nos cœurs. Car il s'agit bien d'une histoire de cœur, les sentiments grandissants éprouvés à son égard ne laissent nulle place au doute.

Quelques semaines auparavant, nous pleurions sa disparition. Quelle tristesse ! Nous nous sentons comme amputés. Cet état de sidération nous interdit tout commentaire, qui eût été de toute façon inutile et inapproprié. Nous sommes suspendus dans un temps immobile, comme s'il s'était arrêté pour nous comme il s'est arrêté pour lui. Nous sommes effarés à l'idée de tout ce qu'il aurait pu encore créer, s'il avait pu vivre dix ou vingt ans de plus. Évidemment, cette idée sotte pleine d'égoïsme nous renvoie immédiatement à l'œuvre immense qu'il nous a léguée. À tout juste soixante ans, il est parti faire du pédalo sur la vague en rêvant[1]. Il a choisi de ne pas avoir d'enfant et pourtant combien de milliers d'orphelins le pleurent aujourd'hui ? Il y a des jours où nous rêvons d'immortalité, non pas pour notre personne mais pour quelqu'un que nous chérissons tout particulièrement. C'est la pensée qui continue de nous habiter tant nous est insupportable l'idée que des grands hommes comme lui doivent un jour se taire, à jamais. À notre humble niveau, nous nous enorgueillissons de le faire vivre encore un peu, en le chantant. S'il est à ce point inscrit en lettres de feu dans nos esprits et dans nos cœurs, comment ne pas croire en ces instants particuliers que tous ses amis contribuent à le rendre un peu immortel ?

Sauf erreur de ma part, Brassens ne s'est pas longuement épanché sur les questions du temps, mais plutôt sur ses effets comme la vieillesse et la mort. Il a cependant « commis », comme il aimait à le dire, une pure merveille : Saturne[2]. Une chanson sur le temps qui passe, avec son lot de malheurs. Une chanson qui nous fait basculer de la mythologie dans la dure réalité de notre finitude.

---

[1] Allusion à sa chanson *Supplique pour être enterré à la plage de Sète* sortie en 1966 sur l'album 33 tours du même nom. BRASSENS mourra 15 ans plus tard, le 29 octobre 1981

[2] *Saturne* est la 10ème chanson de l'album de BRASSENS *Les copains d'abord* sorti en 1964.

« Il est morne, il est taciturne
Il préside aux choses du temps
Il porte un joli nom, Saturne
Mais c'est Dieu fort inquiétant [...]»[1]

Ce Dieu cruel, Saturne, est d'une austérité froide et d'une impitoyable sévérité. Par delà sa triste monotonie, le poète lui prête tout de même un sentiment que l'on imagine plutôt chez l'Homme que chez un Dieu : il s'emmerde grave, comme on pourrait le dire de nos jours. Aussi pour tuer cet ennui, il s'en prend à la beauté des roses et des femmes. C'est son dû, clame-t-il ! Un jeu monstrueusement cynique ! Il vieillit tout, il altère tout, même la bien-aimée qu'il appelle '*Ma belle*'.

Alors il est temps pour le poète de prendre le contrepied de ce Dieu tout puissant en vantant la beauté des '*Fleurs d'Automne*'. Le lourd tribut des cheveux gris et des visages flétris n'efface pas la beauté mais la rend différente, et toute aussi inoubliable.

Mais l'objet n'est pas de faire ici une analyse de la poésie, qu'il me soit simplement permis de déclarer que c'est un petit bijou, une pépite, une perle qui ne peut qu'orner notre réflexion sur le temps qui passe.

La musique a bien d'autres choses à nous apprendre.

---

[1] Les quatre premiers vers de la chanson *Saturne*

8 – L'ESPRIT DU MUSICIEN

Point de musique véritable qui ne nous fasse palper le temps.

EMIL MICHEL CIORAN

Dans la mythologie grecque, neuf muses, filles de Zeus et de la déesse Mnémosyne, ont inspiré neuf arts majeurs, qui ont bien sûr évolué depuis l'antiquité jusqu'au XXe siècle. En quatrième position, Euterpe, habitée par la beauté et l'harmonie, avait comme attribut le son, et était donc considérée comme la Muse de la musique. Dans son roseau creux, la flûte d'Euterpe, elle laissait couler le vent et le recueillait transformé en sons harmonieux, purs et modulés. C'est ce que nous appelons aujourd'hui la musique. Cet art majeur est de nos jours encore en quatrième position derrière l'architecture, la sculpture et les arts visuels. Notons au passage que le cinquième art est la littérature et la poésie.

Tout le monde aujourd'hui, dans cet univers ultra-connecté, a la possibilité d'accéder à la musique de son choix. On peut déplorer qu'elle fasse l'objet d'un commerce très développé, mais il faut cependant reconnaître que cette marchandisation aura permis de la diffuser massivement par de multiples moyens techniques. Cet engouement pour cet art immatériel s'explique par les effets qu'elle produit en nous. Ils sont psychologiques, thérapeutiques, stimulants, apaisants, exaltants, relaxants. Ils sont chargés d'émotion, vecteurs de concentration, porteurs de sentiments et propice à l'éveil spirituel. D'ailleurs, les musiques sacrées n'ont-elles pas la particularité de distendre le temps et l'espace, en induisant dans notre cerveau des ondes alpha, celles qui correspondent au calme et aux sensations de bien-être ? Quand je « rentre » dans un morceau de musique qui me touche particulièrement, mon corps et mon esprit se mettent au diapason. Nos fréquences s'accordent, s'harmonisent. Est-ce moi qui entre dans la musique ou est-ce la musique qui entre en moi ? Difficile à dire. C'est comme si je me dissolvais dans cet instant de plénitude. J'entre dans une parenthèse temporelle et spatiale. Le temps ne passe plus comme avant et l'espace n'existe plus non plus comme avant. À l'instar des objets massifs comme notre planète, la musique déforme mon impression du temps, voire mon vécu du temps. Mon présent est sa présence. Je suis désolidarisé du maintenant des autres. Elle m'aspire. Elle me happe et m'emporte. Du temps et de sa substance, il ne reste que celui et celle dont la musique a pris le contrôle.

La musique elle-même est complètement dépendante du temps. En effet, elle se manifeste par des sons produits par divers instruments. Ces sons se propagent en ondes acoustiques dans le milieu qu'elles traversent. Ainsi, ces ondes font vibrer l'air ambiant, et ces vibrations sont détectables par notre sens de l'ouïe. L'oreille humaine est capable d'entendre des sons dont la fréquence est comprise entre 16 Hz pour les graves et 18kHz pour les aigus. En dessous et au-dessus de cette fréquence, ce sont les infrasons et les ultrasons qui ne sont pas audibles pour l'homme. Cette fréquence n'est que le nombre de vibrations par seconde. Et l'on comprend alors que le son est intimement lié au temps puisqu'il se définit sur la base d'une durée précise : la seconde. Cette durée pourrait être différente si une autre convention avait été adoptée, mais cela ne changerait pas sa nature. Les sons, et par extension la musique ont besoin que le temps s'écoule. Sans temps, pas de musique. Quelle tristesse, non ?

Revenons à quelques bases. La musique s'organise autour de trois composantes fondamentales : le rythme, la mélodie et l'harmonie. Elle piège des morceaux de temps, les triture, les découpe, les organise. Elle a son langage, son alphabet. Des notes tout d'abord avec chacune sa durée. Autant de figures de silence. De multiples déclinaisons de ces petits morceaux de temps. Mais elle a aussi ses repères, ses barres de mesure codifiées très précisément, sa vitesse d'exécution que l'on appelle tempo, et de multiples indications à l'attention de l'interprète. Ses notes, elle les habille de sons identiques ou différents, simultanés ou successifs dans des séquences choisies et dans un ordre précis. Elle harmonise les couleurs des accords pour créer la continuité naturelle, les enchainements agréables. Elle marie les notes entre elles pour créer la mélodie. En nous surprenant, nous émouvant, nous dérangent parfois, elle parle à notre être intérieur. N'y a-t-il pas des mélodies qui nous aient profondément bouleversés ? Qui, bien qu'enfouies dans notre passé, rejaillissent dans notre présent en distillant une émotion intacte ?

Y a-t-il plus belle façon d'entendre passer le temps ?

La mélodie, par sa succession de petites notes savamment choisies, est intrinsèquement liée au temps. Car si les sons qui la composent sont liés pas des rapports d'intervalles, ils le sont aussi par des rapports de durées. Or la durée n'est-elle pas ce qui nous fait palper le temps ? De plus, une mélodie pour être qualifiée ainsi a besoin de s'exprimer du début à la fin. Elle a besoin que lui soit consacré le temps qu'il lui faut pour être produite en entier. Elle a son échelle temporelle qui lui est propre, c'est le laps de temps de sa manifestation. Tronquée, ralentie, accélérée, elle perdra de son identité et ne sera plus la mélodie que nous aimons.

Le rythme peut exister seul. Il suffit de taper sur des bambous et cela fait déjà de la musique. La mélodie au contraire ne peut exister seule. Elle ne peut se passer de rythme. Elle lui est intiment liée. Il lui est consubstantiel. Les deux fondements d'une mélodie sont ses intervalles de sons et ses intervalles de durées. Ils correspondent aux différentes hauteurs de notes et aux différentes valeurs de notes. Ces deux éléments se combinent d'une manière naturelle, agréable, mémorisable et engendrent les phrases musicales. Sans rythme donc, point de mélodie. Du son sans doute. Mais sans note, le rythme n'est que la ponctuation d'une phrase musicale primitive.

Cependant, c'est bien le rythme qui habille le temps fluide et lisse avec ses attributs. Ses cycles, ses temps faibles et forts, ses accentuations de sons, ses durées de notes, ses pulsations, sa vitesse créent la structure temporelle de la pièce musicale. C'est la rythmique ainsi créée qui permet de se synchroniser avec la musique, pour, par exemple, chanter sur un accompagnement.

L'harmonie semble *a priori* étrangère à toutes notions de temps parce qu'elle naît de la combinaison d'un ensemble de sons différents produits au même moment. Ce sont ces accords qui existent en grand nombre, chacun pouvant être exprimé dans de multiples déclinaisons, livré sur un temps donné ou dilué dans des arpèges. Il existe des accords qui réclament, qui exigent même un autre accord bien précis comme une réponse préétablie qui leur est faite. Ce sont les enchainements d'accords. Ces enchainements ou suites d'accords sont, tout comme la mélodie et le rythme, inscrits dans des séquences temporelles.

Le lecteur ne sera pas surpris, dans ce chapitre musical, que j'illustre ma pensée par la musique de Georges Brassens. À contre courant d'une pensée malheureusement dominante chez des personnes non averties, je suis intimement convaincu que la musique de ce grand monsieur a atteint des sommets dans la perfection. Non, la musique de notre ami Georges n'est pas limitée à la « pompe de Brassens », sorte de rythme répétitif scandé par les basses de Pierre Nicolas[1] ! Ce sont des petits bijoux desquels il n' «*y a rien à jeter* », tellement ils sont aboutis, tant ils sont le résultat d'une connaissance musicale extrêmement vaste et d'un immense talent. Mais que pensait-il lui-même de la musique ?

Il est tout à fait intéressant de connaître son avis sur cette question. Je croyais, comme beaucoup peut-être, qu'il accordait davantage de valeur au texte qu'à la musique. J'avais tort.

Dans l'émission de télévision **Les rendez-vous du dimanche**[2] du 2 décembre 1979 présentée par Michel Drucker, ce dernier interroge Georges Brassens sur la prépondérance de la musique ou du texte dans une chanson, sur fond d'un débat qu'il avait eu avec Guy Béart. Il ressort de cet entretien que,

[1] PIERRE NICOLAS (1921-1990) a été le contrebassiste de GEORGES BRASSENS pendant près de trente ans

[2] Émission de télévision de 1975 à 1980 où MICHEL DRUCKER reçoit des personnalités de la chanson, du cinéma et du petit écran

pour Brassens, la musique a plus d'importance que les paroles. Par humilité ou sans doute par coquetterie, il va jusqu'à affirmer que les paroles ne sont qu'un « *prétexte* » pour retenir la musique. C'est cette dernière qui attire, qui donne l'atmosphère, qui sert à retenir la chanson. Brassens y consacre autant de temps qu'à écrire les paroles.

En plus de la maitrise parfaite de ses mélodies et des harmoniques, Brassens a ce don inouï de ciseler le temps dans des dosages dont il a le secret. Les rythmes ainsi créés sont d'une précision absolue. Ils marquent ainsi chaque mot, chaque syllabe en les faisant 'tomber' exactement là où il faut, dans un canevas rigoureux qui contribue à mettre en relief ce qu'il veut nous dire.

Pierre Bernon d'Ambrosio[1], sur sa chaine Youtube© Guitar Vibration nous éclaire sur la musique de Brassens :

« **PIERRE BERNON D'AMBROSIO** *La musique de Brassens est géniale ! Le choix de l'orchestration de Brassens est incroyablement judicieux. S'accompagner seulement d'une guitare et d'une contrebasse est d'une richesse et d'une intelligence d'orchestration que l'on ne retrouve chez aucun autre auteur compositeur français. On a l'impression que c'est une façon d'orchestrer facile, eh bien pas du tout. Au contraire c'est très difficile. De plus, sans artifice, sans arrangement, sa*

[1] PIERRE BERNON D'AMBROSIO est un musicien, guitariste, que l'on retrouve sur les réseaux sociaux sur sa chaîne Guitar Vibration

musique est intemporelle, pas démodée. J'aimerai aussi parler de la rythmique de Brassens, parce que la rythmique est très importante. C'est la fameuse pompe de Brassens, les basses qui alternent avec des accords dans les aigus. Il en a fait une institution. […] Cette subtilité d'accompagnement se retrouve aussi dans Saturne par exemple. Pourquoi ces arpèges ternaires ? Parce que dans la musique, le rythme ternaire qui est cyclique a toujours été utilisé en illustration du temps qui passe. Dans toute la musique classique, chez Schubert, chez Mozart, chez Berlioz, on a toujours ça, et Brassens qu'on taxe d'être un mauvais musicien le fait ! Il a une grande science de l'accompagnement qui est méconnue, par ignorance. Au niveau de l'harmonie, ses grilles sont parfaites. Il n'y a rien à enlever, rien à ajouter. Il avait aussi la science de l'harmonie. Pour composer les grilles que Brassens a composées, il faut être un vrai musicien. »

Oui, sous ses dehors de rien du tout parce qu'il est d'une très grande humilité, il est un des plus grands génies que le monde de la chanson française ait eu, sinon le plus grand. Et particulièrement dans ses compositions musicales, c'est ce que nous allons voir avec sa chanson *Saturne*.

Tout d'abord, ami lecteur, je ne saurai trop te conseiller de faire une pause lecture et d'écouter cette magnifique chanson. Elle nous donne un climat, une ambiance de calme, presque de lenteur. Elle nous berce et nous entraîne avec elle dans une fluidité rassurante. Avec une régularité d'horloge, les mots s'égrènent dans une trame judicieusement choisie. Les strophes s'enchaînent sans rupture. La mélodie est tout simplement sublime.

L'accompagnement arpégé dans une rythmique ternaire obéit aux usages de l'illustration du temps qui passe. Il est doux et régulier. La mélodie semble trainante, et pour une oreille attentive, légèrement décalée. En effet, le chant semble être légèrement en retard sur le balancier régulier des arpèges. Cela se remarque un peu plus sur les enregistrements non officiels, capturés lors d'émissions de radio ou de télévision, où il marque davantage la maitrise d'un chant qui semble s'affranchir de l'accompagnement. Les artistes aiment sortir un peu du cadre assez rigoureux de la partition et de la version officielle en prenant quelques libertés avec l'écriture pour donner plus de relief au message qu'ils veulent transmettre.

Brassens a ce génie de faire cohabiter dans cette chanson deux temps différents. Le premier, celui que tout le monde imagine, qui se déroule de manière égale et presque monotone, c'est l'accompagnement par les arpèges qui donnent la ligne harmonique. Le deuxième, c'est la partition chant qui se détache de l'accompagnement, qui le supplante, qui semble même l'ignorer, comme si elle s'ingéniait à se démarquer du vrai temps qui passe. De plus, la mélodie est cadrée sur une rythmique très différente. On y entend des contretemps, des mélanges entre cyclique binaire et ternaire. Elle nous apparaît ralentie par rapport aux arpèges légères et rapides. Un point de rencontre cependant, à la fin de chaque strophe, où les deux temps se rejoignent et se resynchronisent. Le chant et les arpèges terminent bien ensemble comme s'ils s'étaient réconciliés. Il n'empêche que chaque strophe chantée nous interpelle, tellement le rythme des paroles semble en dehors du rythme de l'accompagnement. Personnellement, j'y vois l'expression d'une tentative de déjouer ce Dieu du temps, en chantant son propre temps dûment choisi et qu'importe si ce n'est pas le même. Chaque tentative se solde cependant par un consentement. Saturne est décidément le plus fort. Le pourfendeur du temps s'incline, mais il se sera battu. C'est le moins qu'il puisse faire. Cette chanson est une ode au combat entre Brassens qui tente d'imposer fièrement son temps et Saturne qui triomphe sans gloire. Une tentative extraordinairement belle et triste à la fois de *couper court à l'avance du temps qui court*[1].

Voila ce que me dit cette musique. Elle me montre une fois de plus que c'est du génie pur. Brassens n'aura pas produit des quantités énormes de chansons qui traitent du temps qui passe, mais celle qu'il a crée, Saturne, est d'une richesse tellement abondante qu'elle suffit amplement à nous faire comprendre comment il pensait le temps.

---

[1] Extrait de la chanson de GEORGES BRASSENS Trompe la mort

9 – LES COUPERETS TRANCHANTS

Sidération, culpabilité, colère. La valse à trois temps. La danse de ceux qui restent.

OLIVIER ADAM

2016. Le vingt-trois janvier.

« *À table !* ». Il est environ midi et demi. Ma Belle vient de sonner le rendez-vous du déjeuner. Depuis quelques instants déjà de bonnes odeurs alléchantes nous ont avertis de l'imminence de l'appel au repas. C'est le moment d'interrompre nos occupations diverses et de se réunir autour de la table. Il ne faut pas attendre longtemps pour que tous soient assis et s'apprêtent à partager ce moment de convivialité.

Le week-end commence et avec lui reviennent les repas pris en famille. Qu'importe ce qu'il y a dans l'assiette, l'important est ailleurs. Pourtant, contre toute attente, nous sommes unanimes pour complimenter la maîtresse de maison sur sa manière subtile de rendre succulents des plats d'une banalité affligeante. Griller quelques saucisses et quelques rondelles de pomme de terre est sans doute ce qu'il y a de plus simple à réaliser. Mais révéler des saveurs et des senteurs subtiles à partir de trois fois rien atteste de la perfection acquise par notre cuisinière préférée.

Notre nez n'a pas menti. Notre bouche le confirme. Nos ne pouvons nous empêcher de parler de ces saucisses et de dire qu'elles sont délicieuses. Elle sourit.

Aujourd'hui plus que d'habitude, nous avons besoin de petites joies, la moindre note légère ou positive nous fait du bien. Cette éphémère délectation de nos papilles à la dégustation de ces quelques saucisses contribue à nous focaliser sur le présent. La semaine a été chaotique et nous voilà maintenant arrimés à ce présent inconsistant, presque futile, prétexte à taire le triste passé récent et à éluder l'inéluctable avenir. Jamais « *l'insoutenable légèreté de l'être* » n'aura en moi été si perceptible qu'en ces instants. Seulement quelques saucisses auront réussi à mettre cette semaine entre parenthèses. Le paradoxe de Milan Kundera s'est révélé comme une évidence : la légèreté de ce repas aura pesé plus lourd que le poids de nos tracas. Inavouable légèreté ou mécanisme instinctif de défense, l'heure n'est pas à cette question. Il s'agit de s'armer au mieux pour appréhender ce qui va suivre. Tout ce qui contribue à dégager l'esprit des encombrants est bienvenu.

La sonnerie du téléphone interrompt le cours de mes pensées.

Les saucisses sont à peine entamées. À peine ai-je eu le temps d'ingurgiter quelques rondelles de pommes de terre. Trop d'appels indésirables. On ne dérange pas les familles aux heures des repas. Mais que veut-on encore nous vendre ? Je me lève le premier comme mu par la crainte qu'aujourd'hui ce ne soit pas un appel commercial.

— Bonjour, vous êtes bien monsieur S., fils de madame H. ?

— Bonjour, oui c'est bien moi

— Je vous appelle de l'hôpital M. Je suis le docteur D., chef du service de neurologie. J'ai le regret de vous informer que votre maman est décédée ce matin. Elle est partie calmement, sans souffrance, après s'être endormie dans un coma très profond…

Le reste de la conversation, je ne m'en souviens pas.

J'ai passé le combiné à ma Belle car pour parler au téléphone, il faut de la voix. Moi je n'en avais plus.

*
**

Oui c'est extrêmement douloureux de donner sa maman. Plongé dans l'affliction, je me rends compte qu'il y a un gouffre entre imaginer la fin et la vivre. Un rideau se déchire et dévoile un nouvel avenir. Le temps ne prend pas de gants. Il moissonne les vivants, chacun à son heure, avec une implacable assiduité.

Les évènements douloureux comme la perte d'un être cher nous renvoient à une réalité fondamentale : celle de notre propre finitude. Nous sommes tous condamnés par le temps comme si nous l'étions par une maladie mortelle. Et devant l'irrémédiable, quoi de plus naturel que de reconsidérer le temps, ce responsable des séparations définitives ? Le temps est-il ce compagnon de route généreux et patient ou ce censeur impitoyable qui décide quand il faut arrêter le chronomètre ? Le temps a des échéances comme des couperets tranchants qui nous rappellent qu'il est le maître à bord. « […] e*n acceptant de vivre, j'ai accepté de mourir aussi* », disait le poète[1]. Mais on ne vit pas en permanence avec cette idée-là. Ces situations particulières font ressentir des effets du temps qui restaient

[1] Rencontre historique de BREL, BRASSENS et FERRÉ à Paris le 6 janvier 1966 ; ils étaient interrogés par FRANÇOIS-RENÉ CRISTIANI. À la question de savoir s'ils ressentaient l'angoisse de la mort, BRASSENS a répondu « *Non… en acceptant de vivre, j'ai accepté de mourir aussi.* »

jusqu'alors bien loin de nous. Ces effets ont le goût de l'irrémédiable, du décisif, de l'impossible retour en arrière.

Les saucisses sont parties à la poubelle. Évidement, les larmes sont les seuls mots que nous pouvons exprimer.

Un couperet tranchant vient de sectionner un temps de vie.

Un nouveau temps vient de s'ouvrir. Celui qu'il faudra laisser passer, jour après jour, mois après mois, année après année, pour arriver à vivre avec l'absence de l'être aimé.

Ce n'est que bien plus tard que nous avons pu mesurer combien, au crépuscule de sa vie, maman aura mis l'accent sur la promotion des valeurs intemporelles au dépend des contingences matérielles. Elle avait acquis une conscience exacerbée de ce qui est durable au-delà du temps. Les petits tracas de la vie, et d'une manière générale tout ce qui relevait du quotidien, perdaient de l'importance. Fort de cette lucidité, elle a pu transmettre à tous ceux qu'elle aimait un message. Non pas fait de mots, mais par ce qui émanait d'elle. Un message fort, qui a laissé en nous des marques très profondes.

Notre existence a ses échéances temporelles, notre naissance, les étapes de notre vie et notre mort. Mais notre existence a aussi une autre dimension qui n'est pas temporelle. Extraite du temps, elle a une autre couleur, une autre puissance, un autre pouvoir. Elle n'est ni ralentie, ni polluée, car elle se situe hors des cycles de la matérialité. La vie hors du temps restera le mystère des vivants.

Quelle heureuse certitude que Saturne n'ait pas de prise sur notre être intérieur !

10 – APRÈS LE TEMPS

Le temps est l'image mobile de l'éternité immobile.

PLATON

Quel est donc ce temps qui s'accommode à la fois de la temporalité et de l'intemporalité ? Comment est-il possible de faire cohabiter des réalités dont l'existence même n'a pas le même référentiel ? Maman est partie dans cet autre monde intemporel. C'est ma conviction, ma profonde certitude. Mais, avec le seul vocabulaire emprunté au monde des vivants, il est impossible de le décrire. Les mots sont inadaptés à la conception de l'immatériel et du non-temps.

Pourtant, l'expérience de pensée consistant à imaginer l'absence de matière et de temps est grisante. Comme un défi de l'impénétrable, une soif de l'inaccessible, cette pulsion de transcender le caché aiguise mon appétence pour les intuitions spirituelles. C'est le bon moment pour faire table rase, pour repartir de zéro en s'inventant de nouvelles bases et tenter d'imaginer l'inimaginable. Je me souviens qu'en début d'année scolaire, un professeur, sans doute par crainte de devoir corriger de fausses certitudes acquises précédemment, avait clamé haut et fort lors de sa présentation aux élèves : « *Oubliez tout ce que vous savez !* ».

C'est un peu comme cela qu'il faudrait aborder ce non-monde-là, celui qui est fait de non-matière et de non-temps. Sortir de notre modèle. Ne pas se laisser influencer par notre expérience étriquée de la vie.

La vie ? Mais quelle vie ? Est-ce vraiment cela la vie, quelques petites années à être prisonnier du temps qui agit comme un minuteur ? Implacable mécanique qui, sans qu'on en connaisse à l'avance le réglage, finira tôt ou tard par sonner le glas. « *Stop ! Votre temps est écoulé. Votre vie est consommée. Votre parenthèse temporelle se referme. Rendez votre copie. Fin de la partie !* ».

Quand on est vivant, on sait bien ce qu'est le temps. On le consomme au quotidien pour chaque acte, chaque geste, chaque projet, chaque travail, chaque repos, chaque rien. Tantôt trop abondant, générant impatience, lassitude ou ennui, tantôt insuffisant générant précipitation, stress et frustration, ce compagnon de route a bien du mal à nous apprivoiser. Vivre en paix avec le temps et accepter ses cadences, ses échéances et ses couperets n'est pas simple. A l'heure de l'au-revoir, on le redoute, on le fustige, on le défie. Rien n'y fait, il gagne toujours. Une question se pose alors : quand on est mort, à quelle nouvelle horloge doit-on obéir ? Comment tourne-t-elle, quelle est sa nature ? Intuitivement, ou selon nos croyances, l'immatériel qui subsiste après la disparition de notre matérialité n'apparaît plus soumis au temps. Alors comment tout ceci fonctionne-t-il ? Comment est organisée cette cohabitation incroyable entre ces deux mondes impossibles à synchroniser ? Comment envisager logiquement un passage entre ces deux univers disjoints, non miscibles, où les cohérences dans l'un deviennent des facéties dans l'autre ? À quelle nouvelle logique doit-on obéir ?

Question abyssale s'il en est, elle mérite qu'on s'y prépare, qu'on se l'approprie et qu'on laisse venir à soi les choses naturellement. Elle mérite que l'on sorte de notre cartésianisme formatant depuis trop longtemps notre esprit. Elle mérite d'accepter d'autres façons de voir, de sentir, d'appréhender et de comprendre. Oublier le connu, pardon, le prétendument connu, et découvrir l'inconnu comme une autre réalité. Se laisser imprégner par de nouveaux discernements, en accepter la nouvelle logique et en déduire les nouvelles lois. Ne pas mesurer à l'aune de nos souvenirs temporels. Se laisser porter. Laisser venir. Laisser entrer. Accepter, tout simplement.

Ce travail est difficile, épuisant, et impose un effort constant. Ce n'est qu'à ce prix que nous pourrons ouvrir cette porte sur l'inconnu et voir toutes ces choses qui demeuraient cachées par nos propres barrières cognitives.

C'est ce que je vous propose de faire avec moi : ouvrir cette porte et découvrir cet autre monde, de l'après-temps.

N'ayons pas peur. Ne soyons pas terrifiés à l'idée de ce que pourrait nous dire notre être intérieur. Il nous a accompagnés silencieusement tout au long de notre vie. C'est le moment de le laisser parler, de lui donner le premier rôle en mettant au second plan cette rationalité si dévastatrice envers les choses de l'esprit.

J'ouvre la porte.

Je vois. Je vois comme jamais je n'ai vu.

Ce ne sont pas mes yeux qui voient. Je le sais. Mes sens primitifs sont restés prisonniers du temps. Instantanément, j'ai la lucidité suffisante pour les savoir confinés dans leurs invincibles limites. Et l'assurance qu'ils sont obsolètes et inutiles. Ici, aucune lumière trop éclatante pour éblouir, aucune musique trop sonore pour assourdir, aucune sensation qui excède notre capacité à éprouver. Les anciens sens sont annihilés au profit d'une conscience nouvelle. Un seul petit mot pourrait la décrire, à condition de l'habiller d'une puissance infinie : je vois.

Un monde fascinant d'images s'offre à moi. Un foisonnement de tableaux innombrables tout autour de moi. Il semble y en avoir plus qu'il n'y a d'étoiles dans tout l'univers. Pourtant ils ne se chevauchent pas, ils n'occupent pas d'espace, il n'y a pas d'espace. Ils ne tapissent pas une sphère comme on pourrait l'imaginer dans une géode. Il n'y a pas de volume, donc pas de sphère. Ils sont là, tout simplement. Je me demande quelles sont ces dimensions inconnues des hommes qui permettent de contenir tout cela. Question stupide bien sûr ! Les différentes dimensions n'ont de sens que dans un monde matériel.

Mon regard intérieur s'attarde sur quelques uns d'entre eux et je les perçois parfaitement bien. C'est ce simple choix qui les rend accessibles à mon esprit, immédiatement. Comme si mon intention suffisait à les percevoir avec ma plus parfaite acuité. Chaque image est une fresque aux multiples scènes qui se superposent sans s'occulter. Chaque scène contient de multiples séquences, des tranches de vies ou d'évènements. Ce spectacle est une fractale d'un genre nouveau, non quantifiable, sans début et sans fin, sans cadre et sans limite.

Il y a des fresques en mouvement, d'autres fixes. L'attention que je porte me focalise instantanément sur la scène observée et m'offre des détails infinis. Je ne peux mesurer l'extraordinaire quantité d'informations que je reçois. À peine ai-je l'idée de me concentrer sur une personne en particulier et je perçois immédiatement tous les détails de sa vie passée et future. Une communication d'un genre nouveau s'établit instantanément. Je la comprends mieux que si j'avais vécu à ses côtés toute ma vie. Il n'y a pas de mots, pas de phrases, ils ne seraient que pâles reflets de cet échange. Je comprends tout d'elle, de sa vie, de ses réussites, de ses échecs, de ses atouts et de ses manques. Tout ceci est offert. Il n'y a pas de jugement. J'ai la sensation impossible à réfréner que je suis dans le réel. Tout y est vrai. Il n'y a pas d'interprétation. Il n'y a qu'une seule version. Il n'y a que la vérité.

Le temps ne les régit pas, mais, paradoxalement, ces images-séquences sont dans un plan de déroulement précis et très organisé. Elles sont toutes déjà existantes mais toutes n'ont pas été déroulées. Il y a une notion de passé et de futur, mais pas comme on le conçoit dans notre temps. Il n'y a pas de durée, pas de délai. Les choses advenues et celles à venir sont présentes à mon esprit. Dans le temps des hommes, plus les évènements sont lointains, moins ils impactent notre perception. Rien de cela ici. Tout semble finalement baigner dans un vrai présent, une véritable présence. Oui c'est le mot juste. La présence simultanée de tout ce qui s'est déjà réalisé, de ce qui se réalise et de ce qui se réalisera.

C'est la vidéothèque du monde. Tout est là. Les films déjà diffusés et ceux qui sont programmés pour plus tard. Le monde est là, sous mes yeux. L'univers, toute la création, tout le passé, tout le futur, tout est là. Rien de manque.

La quête de l'autre temps est aussi celle de l'autre espace. Dans notre monde temporel, l'espace est consubstantiel au temps. Ils ne peuvent exister l'un sans l'autre. Ils sont liés par les lois de la physique. L'espace-temps est devenu une seule et même entité. Derrière cette porte, le non-espace est tout aussi consubstantiel du non-temps. Tout est immatérialité. Tout est intemporalité. Tout est présence. Tout est conscience.

Je referme la porte.

J'ai la tête qui tourne. Le temps d'un instant j'ai arrêté le temps. Non, c'est encore une erreur sémantique, les mots sont si faibles. Je suis 'sorti du temps' me semble plus juste. J'ai vu le non-temps. J'ai vu un autre temps. Le vrai. La confusion s'installe. Je devrais accepter ce que j'ai vu. Mais c'est plus fort que moi, j'analyse, je compare, je décortique. Est-ce vraiment un non-temps ? Est-ce vraiment une absence totale de temps ? Non, pas vraiment, c'est différent. Il y a aussi une chronologie, mais elle n'a rien à voir avec celle que nous connaissons. Je repense à la photo du monde décrite plus haut où tous les êtres vivants et toutes les choses sont figés sur un cliché imaginaire, dévoilant l'infinité des détails de notre monde à un instant t. Le monde que j'ai vu est à l'image de cette photo, mais elle est animée, elle contient tout le passé, tout le futur, tous les évènements de l'univers et il est possible d'interagir avec elle. Notre monde est un film interactif où tout est écrit, tous les scénarii et tous les possibles. Ils ne se heurtent pas, ils se complètent. Chose impossible dans notre monde, ce film est réalité dans l'autre temps.

Une question se pose : est-ce cela l'éternité ?

La question des fondamentaux est épineuse. Habituellement, lorsqu'il s'agit de définir un concept, on aime à le rapprocher d'un concept plus fondamental, puis ensuite énoncer ses caractéristiques propres et ainsi affiner notre compréhension. Par exemple, pour expliquer ce qu'est une rivière, on pourra expliquer le cycle de l'eau s'évaporant de la mer, retombant en pluie sur la Terre pour couler à nouveau dans la mer en formant les cours d'eau. Ainsi, la compréhension globale d'un phénomène aide à conceptualiser un sous-phénomène qui lui est hiérarchiquement dépendant. Ici, est-il possible de trouver un concept plus global, plus fondamental de l'éternité ?

Si le temps nous pose vraiment des problèmes complexes de description, l'éternité n'est pas en reste. Ce qui vient naturellement, c'est cet état qui n'a ni commencement, ni fin. Une autre définition lui confère un commencement, mais toujours pas de fin. Mais ne faudrait-il pas s'entendre aussi sur ce qu'est véritablement un commencement et une fin ?

Rien n'indique cependant qu'il s'agisse d'un état inerte dans lequel il ne se passerait rien. Et s'il s'y passe quelque chose c'est bien que des situations naissent puis meurent. La notion de changement, voire d'évènement, n'interfère pas vraiment avec la notion d'éternité. Il se peut que l'éternité contienne en son sein des choses non éternelles, qui viennent et qui vont et qui font que l'éternité s'en trouve être une succession infinie d'évènements temporels. D'où cette autre question non moins embarrassante : est-ce que l'éternité contient le temps ?

Si l'on considère le temps de notre monde physique comme un sous-ensemble d'un temps-éternité global, il est alors logique de considérer qu'en quittant ce temps physique, on puisse retourner vers ce temps éternel. Le monde, l'univers et ses horloges ne sont alors qu'une parenthèse expérimentale de temporalité. Alors l'éternité contient le temps. Mon temps et le tien, ami lecteur, ne sont qu'une portion d'éternité. Notre expérience matérielle nous y plonge, puis nous en extrait. Après le temps, c'est-à-dire après l'expérience temporelle, il faut revenir aux fondamentaux.

L'après-temps intrigue, interroge et prête aux expériences de pensées. Et si la mienne avait un commencement de début de vérité ?

11 – Les douze coups de minuit

L'heure fugitive vole d'une aile incertaine

Sénèque, *Phèdre*

31 décembre 2014. 19h20. Aéroport du Raizet.

Nous nous engouffrons dans la cabine de l'Airbus A350. Billets à la main, nous avançons au rythme des passagers devant nous en tentant comme eux de repérer nos sièges. Bientôt nous serons installés à nos places respectives et, après quelques neuf heures de vol, retour à la case départ à l'aéroport d'Orly. L'heure n'est pas à la légèreté, ni aux joyeux éclats comme lors de notre arrivée à Pointe-à-Pitre trois semaines plus tôt… Mais plutôt au silence et à une sorte de résignation de devoir quitter notre jardin d'Éden, notre parenthèse spatio-temporelle de joie, d'insouciance, de décors idylliques et de mers chaudes. Des buses diffusent un brouillard pas très agréable qui semble être un insecticide. Pas sûr que ce soit très bon pour nous. De plus, cela contribue à abaisser encore la température de la cabine. Le contraste avec les trente degrés d'avant est saisissant. Nous nous résignons à nous vêtir plus chaudement. Dans quelques heures, nous serons à Paris où seulement quatre petits degrés vont nous accueillir. Tout va trop vite, notre corps ne suit pas, notre esprit non plus. Les jours passés ne sont pas encore des souvenirs, car ils sont bien trop proches. Notre nouveau présent est trop brutal. La sensation de froid nous recroqueville. Les lumières blanches de la cabine nous éblouissent. Les hublots ne laissent rien voir d'autre qu'une nuit profonde. Je n'aime pas ce moment. C'est un renoncement pour lequel je n'étais pas préparé. Nous échangeons quelques sourires de circonstance, en tentant de nous persuader de la rémanence des bonheurs vécus ici. La nouvelle réalité relègue nos tentatives au rang de chimères. Au fond de nous, les sentiments restent confus, changeants et déroutants. Oui, ce fut des vacances extraordinaires, merveilleuses, inoubliables. Mais elles sont terminées. Définitivement. Retour dans la grisaille froide de la Lorraine. Pour de longs mois encore. Oui, mais quelle chance d'avoir pu vivre cette délicieuse épopée, d'avoir pu partager en famille ces moments de joie, de découvertes, de sérénité, ces longues soirées aux saveurs et aux effluves locales… On s'est promis d'y revenir ! C'est sûr ! Et tellement incertain à la fois ! Qui peut présager de l'avenir ? Qui peut être certain du futur ?

Voilà près d'une heure que nous volons vers notre destination. Altitude de croisière, vitesse de croisière, lumière tamisée. Je vais essayer de dormir un peu. À chaque fois c'est pareil, je pense arriver à m'endormir pour que le temps du voyage paraisse moins long, mais rien n'y fait. Cela m'agace de ne pas avoir ce pouvoir de me mettre en mode sommeil à la demande, et ce n'est pas les quelques passagers profondément endormis autour de moi qui vont apaiser ma contrariété.

La cabine s'anime à nouveau. Les lumières viennent de se rallumer. C'est la distribution des plateaux repas et des boissons. Faute de réjouir nos papilles avec cette gastronomie de haut vol, ni de véritablement nous rassasier, ces épisodes ont le mérite certain d'animer un peu tout ce beau monde et d'accélérer un peu le temps. Nos esprits se focalisent sur la découverte imminente du menu et sur le choix toujours hésitant de la boisson. Tiens, et pourquoi ne prendrais-je pas du champagne cette fois-ci ? Après tout c'est de circonstance, nous sommes le 31 décembre, il est vingt heure trente à ma montre, nous allons bientôt passer le cap de la nouvelle année… C'est décidé, ce sera du champagne !

C'est à ce moment précis qu'une évidence m'interpelle. Nous allons tous ensemble franchir le cap de la nouvelle année. Nous allons enterrer définitivement 2014 et accueillir 2015. Peut-être aurons-nous droit à une coupe de champagne à minuit ? Peut-être le commandant de bord nous adressera ses vœux pour la nouvelle année ? À minuit…

Mais enfin, quel minuit ? Celui de ma montre ? Celui de l'heure de destination ? Mais non, la métropole a déjà célébré le nouvel an. Il est une heure et demie du matin là-bas ! Alors un entre-les-deux… Comment savoir ? Je plonge dans une puissante réflexion et je m'embrouille. Il est impossible, avec les données dont je dispose, de savoir l'heure réelle. La raison est qu'il m'est impossible de savoir dans quel fuseau horaire nous sommes en train d'évoluer. Et peut-être même qu'il ne sera jamais minuit si nous franchissons un fuseau après 23h, car nous serons projetés immédiatement après minuit.

Point de surprise cette nuit-là. Point de bons vœux. Point de champagne.

Point de minuit.

Mon attachement à l'heure qu'il est vient d'être violemment ébranlé. Ma conviction qu'il existe une heure véritable pour les passagers de cet avion vient de voler en éclat. Pendant ces neuf heures de vol, nous n'avons plus de référentiel horaire. Des approximations tout au plus.

Je ne peux m'empêcher de penser qu'un simple ordinateur pourrait recalculer le temps pendant le trajet. Il faudrait pour cela qu'il prenne en compte de nombreux paramètres au premier rang desquels la distance parcourue, la vitesse et les différents fuseaux horaires traversés. Ainsi, nous aurions une montre qui avance beaucoup plus vite. Je vois bien ici un petit programme avec un choix d'options entre un temps lissé et un temps fuseau ; le temps lissé nous donnerait un temps plus rapide et nous verrions les aiguilles de notre montre avancer plus rapidement jusqu'à destination ; le temps fuseau ferait tourner les aiguilles à vitesse normale tandis que chaque franchissement de fuseau infligerait un bond d'une heure. À l'arrivée, ces deux choix aboutiraient à la même heure finale. Pour ce qui est de la précision, ne soyons pas trop exigeants ; la vitesse ralentit le temps, l'altitude l'accélère parce que la gravité y est moindre. Quel casse-tête !

Il n'empêche que je ne sais toujours pas quelle heure il est. À cet instant, j'ai vraiment le sentiment que c'est bien nous qui passons dans le temps et non lui qui passe comme on le dit trop souvent, que c'est bien nous qui évoluons dans cet écrin temporel immuable. Nous sommes la variable d'ajustement tandis que le temps poursuit sa destinée tranquille. Si je devais personnifier le temps, je dirais qu'il nous observe à cet instant précis avec un petit sourire en coin qui en dit long sur la déraison de l'homme à vouloir le maîtriser.

Quand nous nous poserons à Paris, nous pourrons nous réinitialiser. Nous serons le premier janvier 2015, il sera 9h08 et ma montre pourra à nouveau égrener les secondes, les minutes et les heures. Elle pourra de nouveau prétendre dire le temps.

La conscience d'un temps artificiel qui régit toutes les activités de notre vie me saute au visage comme une gifle. Il est évident que le temps n'a ni ralenti ni accéléré. Il n'a rien modifié de sa course régulière à laquelle nous sommes tellement habitués. Et pourtant il vient de m'infliger un problème que je n'ai pu résoudre. Mon minuit du 31 décembre 2014 n'a pas existé.

12 – Que montre véritablement une montre ?

En somme, toute horloge déguise le temps en un mélange de mouvement et de durée qu'elle nous incite à confondre avec lui.

Étienne Klein, *Les tactiques de Chronos*

Avoir une montre à notre poignet nous fait croire que nous maîtrisons le temps. Fidèle compagne de notre quotidien, elle peut nous donner le sentiment d'une certaine liberté. Elle nous aide à séquencer notre journée de travail, à anticiper nos échéances, à préparer nos rendez-vous, à synchroniser nos tâches. Elle nous permet d'éviter les préjudiciables retards, de prendre le train à l'heure ou de choisir quand seront livrées les pizzas. En cela nous exerçons un certain contrôle sur le temps et le découpons à notre guise selon nos obligations ou nos envies. Cependant, le fragile sentiment de liberté peut rapidement se transformer en sujétion quand nous prenons conscience que le temps nous maîtrise plus que nous ne le maîtrisons. Au mieux nous nous accommodons de sa course, nous gérons parfaitement notre agenda, nous avons appris à anticiper chaque chose et sommes rarement surpris. Mais nous devons bien admettre qu'aucune action de notre part ne saurait avoir une quelconque influence sur son inexorable cours. Qui n'a jamais rêvé de détruire son réveil quand il interrompt un beau rêve ? Qui n'a jamais grogné contre l'horloge qui nous commande de lui obéir sans tarder ? Qui n'a jamais tempêté contre cet impitoyable chronomètre bien trop rapide à notre propre appréciation du temps ?

Mandataire de son maître le temps, la montre accuse pourtant de très larges faiblesses. Sujette aux pannes, aux erreurs et aux approximations, elle réclame une attention constante et de régulières corrections pour ne pas trop mentir. Elle est dépendante de sa propre mécanique, de sa pile électrique, de la fiabilité des émetteurs et des réseaux de transmission, des conventions et même des décisions politiques.

En se trompant, elle nous trompe.

Les différents moyens utilisés pour compter le temps ont dû évoluer pour répondre aux besoins croissants de précision et d'exactitude. Du cadran solaire à l'horloge atomique, en passant par le sablier, la clepsydre, la bougie, nos montres mécaniques ou électriques, on a recherché des systèmes de plus en plus précis pour mesurer le temps. La technologie a bien sûr largement contribué à atteindre ces objectifs.

Il faut remonter à l'Antiquité pour découvrir les plus anciens cadrans solaires. Mesurer l'écoulement du temps était une préoccupation majeure des Égyptiens, des Grecs et des Romains, et aussi des Chinois. Le soleil, abondamment présent dans ces régions, allait fournir une solution à cette problématique, par l'observation minutieuse de sa course apparente. Le gnomon, ancêtre du cadran solaire, était constitué d'un simple bâton planté verticalement dans le sol. Il pouvait aussi être fait d'un pilier ou d'une colonne. L'orientation de l'ombre projetée sur le sol ainsi que sa taille renseignaient sur l'avancée du jour et de la saison. Les gnomons donnèrent naissance à une science de l'astronomie appelée gnomonique. La méridienne fut une construction capable de déterminer exactement le midi solaire, c'est-à-dire le milieu du jour. Plus tard, dotés d'une table graduée en lignes horaires et d'un gnomon savamment incliné en fonction de la latitude où ils se trouvent, les cadrans solaires sont devenus de plus en plus précis, à mesure que les connaissances en astronomie augmentaient. Leur relative simplicité de mise en œuvre en a fait des instruments rapidement devenus grand public.

Le sablier se démarque du cadran solaire en ce qu'il permet de mesurer un intervalle de temps plutôt que de dire à quel moment du jour nous sommes. Ainsi, la visualisation de l'écoulement complet d'une quantité choisie de sable montrera l'écoulement d'une durée de temps, toujours la même, et ce même pendant la nuit qui, soit dit en passant, rendait totalement inopérant notre cadran solaire. Au Moyen Âge, il permettait de limiter un temps de parole, un sermon, une séance d'instruction ou encore une plaidoirie. Les moines l'utilisaient aussi pour mesurer la durée de leur méditation. Plus tard, les marins s'en servaient pour mesurer les quarts, généralement d'une durée de 4 heures, afin de répartir équitablement les charges de travail en mer. Les sabliers pouvaient être calibrés pour mesurer des durées allant de quelques secondes jusqu'à 24 heures. De nos jours, ils servent encore de minuteur pour la cuisson des œufs, là où la mise en œuvre de nos minuteries électroniques prendrait plus de temps qu'un simple retourné de sablier.

La clepsydre est beaucoup plus ancienne que le sablier. Son principe était basé sur l'écoulement d'un liquide à partir d'un bol gradué muni d'un orifice. On estime que les premières clepsydres ont été créées en Égypte vers 1600 avant notre ère. Sa précision était toute relative et se comptait en minutes. Il se posait le problème de la pression de l'eau qui diminuait à mesure que le niveau baissait, ralentissant le débit de l'écoulement. Différentes améliorations ont été apportées par les Grecs, notamment pour remédier à ce problème, ce qui a augmenté sensiblement sa précision. Le jeu Fort Boyard l'a remise au goût du jour pour chronométrer les épreuves des candidats avec l'avantage certain d'être très télévisuel.

Les bougies ont aussi servi à mesurer le temps. Une tradition raconte qu'elles auraient été inventées par le Alfred le Grand, roi du Wessex, au IXe siècle, afin qu'il puisse mesurer son temps de prière. La bougie garde encore de nos jours un rapport au temps privilégié, en symbolisant une année sur nos gâteaux d'anniversaire, en ménageant des instants privilégiés lors d'un dîner aux chandelles ou encore en favorisant des moments de recueillement et d'introspection spirituelle dans les églises ou dans les cimetières. C'est une façon de prendre le pouls d'un temps différent, celui des années qui se succèdent, celui d'un dîner que l'on voudrait éternel, celui de la pensée spirituelle ou celui de la mémoire d'un bien-aimé. Cette façon de distendre le temps lui est propre, elle est capable de nous apaiser et de synchroniser notre horloge interne à la lenteur de sa combustion et de créer ainsi des ambiances où la course du temps semble comme retenue, suspendue à sa flamme d'un calme alcyonien.

Et puis il y a bien sûr l'horloge et sa déclinaison portative, la montre. Son nom latin, *horologium*, signifie « qui dit l'heure ». Nous voilà fixés sur ses intentions. Elle se propose de nous indiquer l'heure en continu. Encore faut-il, pour qu'elle puisse remplir son rôle avec justesse, que certaines conditions soient réunies. Tout d'abord, il lui faut un référentiel, une sorte d'heure mère sur laquelle on pourra la synchroniser, et il faut autant que possible que cette heure de référence soit juste. Ensuite, il faut une mécanique irréprochable, avec des rotations bien calibrées et une énergie motrice suffisamment puissante et durable. Enfin il lui faut un environnement exempt de toute perturbation qui affecterait son bon fonctionnement. La montre n'échappe pas non plus à ces pré-requis pour remplir son rôle. Sa conception permet de visualiser trois échelles de temps simultanément, celle des heures, des minutes et des secondes. Ainsi un seul coup d'œil nous renseigne sur l'heure exacte. Mais cette machine fabuleuse nous permet aussi de calculer des durées, par simple déduction de la course de ses aiguilles. Sacrée petite machine qui nous accompagne partout, qui n'a besoin de presque rien et qui nous permet littéralement de voir le temps. Hourra ! On maîtrise enfin correctement le temps qui passe ! À la bonne heure !

En aparté, ami lecteur, cette expression '*à la bonne heure*' venant à point nommé, il est utile de préciser qu'elle soutenait au XIVe siècle l'idée précise du temps. Il était important qu'un évènement pût avoir lieu à la bonne heure, ni avant, ni après. À cette époque, elle semblait vouloir marquer davantage le moment propice, c'est-à-dire dépendant de conditions favorables. Plus tard encore, sans que l'on ne sache vraiment pourquoi, elle a été utilisée pour signifier l'approbation et l'assentiment. Que dire aussi de l'expression ‘*à point nommé*’ utilisée plus haut ? D’abord employée pour désigner un point spatial, elle a petit à petit dérivé pour signifier un moment opportun, de sorte que la frontière entre le sens spatial et le sens temporel a progressivement été effacée. Mais j’arrête là mes digressions.

Venons-en aux horloges atomiques qui, rassurez-vous, sont totalement inoffensives. Leur appellation vient du fait qu’elles se basent sur la propriété des atomes. Pour dire le temps de manière ultra précise, elles ont besoin en tout premier lieu d’avoir un signal périodique sur lequel s’appuyer. C’est le rôle d’un oscillateur électronique. Par exemple, les horloges à quartz sont basées sur l’oscillation d’un cristal de quartz. C’est cet appareil qui fait fonction d’horloge. Il est déjà extrêmement régulier. Mais, sur le long terme, des variations pourront apparaître, ce qui sera incompatible avec le niveau de régularité recherché. C’est là qu’intervient le dispositif qui permet de corriger ces variations. On va se servir de la transition hyperfine des atomes de césium 133. Ainsi, l’oscillation très précise d’une transition d’un état de basse énergie vers un état de haute énergie de cet atome de césium se produit invariablement 9 192 631 770 fois par seconde. Ce dispositif jouant le rôle de régulateur va réajuster constamment notre oscillateur primaire et rendre ses possibles variations totalement négligeables à l’échelle de temps de notre planète. Nous avons maintenant une horloge d’une régularité phénoménale et d’une extraordinaire stabilité. Dans cette course à la précision, bien d’autres horloges atomiques sont apparues, encore plus précises, et sans doute cette la liste s'allongera-t-elle encore dans le futur ?

Voici provisoirement résolue la problématique de la mesure du temps, du moins dans la limite des besoins de précisions que réclame notre technologie actuelle. Il n'est pas à exclure que de futurs besoins exigent encore davantage de précision.

Le problème de la mesure d'un évènement, c'est-à-dire de la durée d'un laps de temps est une chose ; c'en est une autre d'harmoniser les différents systèmes de mesure du temps afin qu'ils disent le même temps en même temps. Elle n'est pas si reculée l'époque où chaque ville avait son heure, puis où chaque préfecture donnait l'heure pour son département. En 1911, c'est désormais Paris qui donne l'heure à la France et, en 1978, un décret[1] stipule que le temps légal est obtenu en ajoutant ou en retranchant un nombre entier d'heures au temps universel coordonné. L'heure légale est née. Elle est diffusée par l'Observatoire de Paris sur simple appel téléphonique au 3699.

Nous voici donc tenu de préciser ce qu'est le temps universel coordonné et aussi le temps atomique international dont il dépend.

---

[1] Les décrets n°78-855 du 9 août 1978 et n° 79-896 du 17 octobre 1979 ont été abrogés et remplacés par le décret n° 2017-292 du 6 mars 2017

Ce dernier, le temps atomique international ou TAI, est une échelle de temps basée sur la durée de la seconde établie par les horloges atomiques. Plus de 500 horloges atomiques réparties sur le globe permettent au Bureau international des poids et mesures de déterminer le temps atomique international.

Mais la trop grande régularité de ce dernier – décalage inférieur à une seconde sur une durée de 15 milliards d'années – est aussi un handicap. Sa constance quasi absolue ne permet pas de tenir compte de certains effets sur la rotation de la Terre. La vitesse de rotation de notre planète est variable et a tendance à ralentir sur le long terme, sous l'effet notamment de l'attraction de la Lune et du Soleil, des marées et des vents dominants. En conséquence, la durée d'un jour est aussi variable. Pour absorber ces variations, le temps universel coordonné ou UTC est donc incrémenté (ou décrémenté, mais cela reste exceptionnel) d'une seconde par rapport à la référence, le TAI, à chaque fois que cela s'avère nécessaire. UTC a été adopté comme base du temps international pour la majorité des pays du globe.

Le temps universel UTC est en quelque sorte le temps basé sur la rotation de la Terre, tandis que le temps atomique TAI est lui basé sur les propriétés des atomes.

Ce point est tout à fait intéressant et symptomatique de la grande difficulté à faire entrer dans un cadre mathématique strict les lois de la nature. Cela prête à sourire quand, cette technologie de comptage du temps ayant acquis une fiabilité à la seconde près sur une échelle comparable à l'âge de l'univers, la nature toute puissante lui inflige des corrections au sens strict comme au sens figuré. Nous voilà contraint de corriger manuellement des mécanismes de haute technologie, sans quoi on s'éloignerait trop du vrai temps, celui de la Terre.

Dans l'antiquité gréco-romaine, mais aussi dans le monde arabo-musulman, c'est sans doute cette idée du vrai temps de la Terre qui préfigurait à l'usage de l'heure inégale. Encore appelée heure temporaire, elle était basée sur 12 douzièmes de jour et 12 douzièmes de nuit. Sa particularité résidait dans le découpage de douze intervalles de temps entre le lever et le coucher du soleil, et douze autres intervalles de temps entre le coucher et le lever du soleil. Il en résultait que les heures diurnes d'été étaient beaucoup plus longues que celles d'hiver. Il n'y avait qu'aux équinoxes où les heures avaient toutes la même durée. A l'instar de tous les autres éléments que la biodiversité faunistique et floristique a créés, les hommes de cette époque étaient ainsi réglés sur le cycle nycthéméral, l'alternance d'un jour et d'une nuit, et non sur le découpage arbitraire du jour en 24 parties égales.

La logique de cette heure inégale, basée sur le lever et le coucher du soleil, impliquait tout naturellement que les peuples situés plus à l'Est ou plus à l'Ouest eussent une heure différente, basée sur leur propre lever du soleil. Ainsi, dire l'heure n'a de véritable sens que si l'on précise le lieu où l'on est. Ce vrai temps, celui de la Terre, est constitué d'une multitude d'heures différentes selon le degré de longitude où l'on se trouve.

L'heure dépendait de la saison et de la longitude. Voilà deux paramètres bien difficiles à modéliser. C'est pourtant vers l'adoption de standards que l'évolution du monde, le développement des communications et notamment les réseaux ferroviaires, allaient aboutir.

Ce sont les horloges mécaniques qui, aux alentours du XVe siècle, vont progressivement faire disparaître l'heure temporaire au profit de l'heure équinoxiale. Toutes les heures auront désormais la même durée le jour et la nuit en toutes saisons.

C'est Giuseppe Barilli[1] qui le premier a proposé la création de fuseaux horaires en les décrivant dans son ouvrage Miranda paru en 1858. Il décrivait 24 fuseaux, chacun différant du suivant d'une heure pleine. Il s'agissait de créer des territoires où l'heure légale serait uniforme et ne s'éloignerait pas trop de l'heure solaire. Le temps moyen de Greenwich (GMT), basé sur le méridien de Greenwich[2] qui est la référence internationale de longitude, a servi jusqu'en 1972 de référence

---

[1] GIUSEPPE BARILLI (1812-1894) (pseudonyme QUIRICO FILOPANTI) est un mathématicien, astronome et homme politique italien

[2] Greenwich est le nom d'un quartier de Londres qui abrite l'Observatoire royal de Greenwich créé en 1675 par le roi Charles II d'Angleterre aujourd'hui devenu un musée

temporelle dans le monde, avant d'être remplacé par le temps universel coordonné abrégé UTC. Nous savons à présent avec précision quelle heure il est dans chaque région du globe, en parlant bien entendu de l'heure légale.

Combien d'heures différentes y a-t-il sur la surface de notre belle planète ? Cette question qui vient de nous préoccuper va spontanément être étendue à l'univers. Nous avons vu précédemment que la vitesse, l'accélération a un effet ralentisseur sur le temps. Nous avons vu aussi que la gravitation a aussi un effet ralentisseur sur le temps. Une montre, parlons ici plutôt d'une horloge de précision, va pouvoir observer un ralentissement significatif si elle est soumise à une forte gravité ou accélération. Que va donc pouvoir nous dire notre montre si nous la projetons sur une autre planète soumise à un autre cycle nycthéméral, un autre temps de révolution autour du Soleil, une autre force gravitationnelle ? Que va donc pouvoir nous dire notre montre si nous la plaçons aux confins du cosmos, dans l'espace interstellaire ou au cœur d'autres galaxies, mue par des vitesses vertigineuses ? Sans doute rien que nous puissions interpréter.

Alors, que montre véritablement une montre ?

Une heure conventionnelle, une situation dans le temps légal, limitée dans notre petit cadre de vie. Elle est un repère dans le découpage arbitraire de notre quotidien. Elle permet de concevoir le canevas du temps, mais elle ne montre pas le temps. C'est une esquisse de la trame du temps, fragile et hasardeuse entreprise. Elle compte, elle égrène, se bat pour demeurer dans son artificiel présent. Mais c'est son présent et uniquement le sien. Elle est censée nous dire le temps, mais c'est le temps qui lui impose son rythme. Elle est en quelque sorte un phénomène temporel, le temps régissant tout, même les technologies qui doivent le compter. La montre nous donne l'heure, mais c'est le temps qui nous donne le présent. L'heure est mouvante, le temps est permanent. Confondre l'heure et le temps, c'est confondre l'impermanence avec la permanence, le découpage arbitraire avec la continuité indivisible, l'horloge avec l'horloger.

L'heure est un constat tandis que le temps est une conscience.

13 – Le temps des âmes

Notre âme nous regarde souvent avec l'air de nous demander : où en sommes-nous ?

Anne Barratin, *De toutes les paroisses*

Au-delà de l'arc-en-ciel, hors de l'espace et du temps.

Une foule d'âmes innombrables se pressent au grand rendez-vous du Partage. La multitude est impressionnante. Toutes ont le même éclat, la même lumière, la même joie. Toutes sont considérées avec un immense respect et écoutées avec la même attention. Ensemble, elles forment une nuée d'amour et de sagesse, prêtes à s'enrichir de tout ce que vont apporter les autres. Les guides encouragent cette activité. Les expériences de vie des mortels sont tellement diverses et les conditions si différentes que les âmes ne peuvent tout connaître. Pour aider, il faut d'abord comprendre, ici aussi. Elles ont besoin de prendre conscience de situations inédites, parfois extrêmes, que vivent les hommes encore contraints dans la matérialité de l'espace-temps. Pour cette raison, les grands rendez-vous du Partage contribuent, par l'écoute de témoignages, à parfaire la compréhension de cas complexes que les affres de la vie engendrent. C'est une sorte de veille spirituelle à vocation thérapeutique. Le monde des âmes doit rester pleinement conscient des difficultés des hommes encore prisonniers du temps. Certaines âmes, récemment désincarnées, vont pouvoir livrer leur témoignage.

Le thème de cette séance porte sur les expériences de la pensée du temps.

Il règne un grand silence. L'attente est palpable. La communion est intense. Une grande force émane de la nuée. Aucune pensée parasite. Toutes les âmes sont au diapason de l'écoute attentive, de l'effacement et du don de soi. Toutes sont bienveillantes et ont la sincère volonté de s'enrichir de nouvelles connaissances.

Une âme s'éleva au-dessus de la foule et sa pensée jaillit à la conscience de toute l'assemblée.

« Je m'appelle Piotr. J'étais astrophysicien en Russie. Pendant très longtemps après mon arrivée au milieu de vous, j'étais tourmenté, vraiment fortement tourmenté. J'ai reçu un grand choc et je vais vous expliquer pourquoi. Soyez sans crainte, je peux maintenant en parler en toute sérénité, grâce à votre aide.

Toute ma vie durant, depuis que j'étais étudiant jusqu'à notre rencontre, j'ai été imprégné de certitudes scientifiques. C'était mon travail que d'avoir des certitudes. Elles étaient basées sur des expériences reproductibles, des calculs très compliqués, des observations précises, des études et des publications qui faisaient référence. Pendant toute ma carrière, j'ai évolué dans ce schéma de preuves scientifiques et de théories irréfutables, ayant force de lois. C'étaient ces fameuses lois scientifiques que plus personne ne songeait à remettre en cause. Il n'était absolument pas possible de conserver une quelconque notoriété, voire son emploi au sein de l'équipe de recherche, s'il nous prenait l'idée d'ouvrir un champ de possibles en dehors de la doxa officielle. J'ai fini, comme tous mes collègues d'ailleurs, par m'assoupir sur le matelas de la bien-pensance scientifique. Pour moi, il n'y avait rien qui pût avoir la prétention d'expliquer notre monde en dehors de la science.

Mes parents sont morts il y a de nombreuses années. Cela faisait partie du schéma habituel du destin des vivants, apparaître, vivre, puis disparaître. Comme toute l'humanité, mes parents ont dû souscrire à cette inéluctable fatalité. Trop absorbé par ma passion, l'esprit constamment focalisé sur les travaux du laboratoire de physique spatiale que je dirigeais, il m'était impossible de concevoir une lecture différente de ces évènements. Puis, une nuit, je fis ce rêve…

Rêverie, songe ou délire, cette fenêtre qui s'ouvrit sur une réalité nouvelle fut, à mon insu, le premier élément d'une prise de conscience ultérieure que je ne soupçonnais pas encore. Ce vécu, bien qu'immatériel, était d'une telle intensité que chaque détail fut gravé dans ma mémoire. Je vis mes parents, jeunes et beaux, élégamment vêtus, assis dans de magnifiques fauteuils de lumière. Ils me fixaient en me souriant et restèrent ainsi figés pendant de longs instants. J'étais saisi de stupeur, mais aussi épris d'une profonde joie de les revoir. Je fus bouleversé de tout l'amour que leur visage exhalait en silence. Je ne saurais dire combien de temps cette image est restée devant moi, mais je sentais comme si le temps devait attendre la fin du rêve, pour ne pas l'abîmer. Ensemble ils me firent un petit signe de la main, disparurent et je m'éveillai.

Durant les quatre années qui ont suivi, chaque jour, je repensais à ce rêve. Il ne me quittait pas. Instants privilégiés, c'est sur le chemin du laboratoire, seul dans ma voiture, que je visualisais ces merveilleuses images, celles de mon rêve. Le matin, l'esprit est encore vierge de toutes les pollutions que la journée de travail ne manque jamais d'engendrer. Je ressentais beaucoup de joie. Jamais je n'ai osé faire de ce cadeau un sujet d'analyse. J'en refusais absolument toute approche rationnelle comme mon métier l'exigeait. Ce rêve, c'était la plus belle fleur de mon jardin secret. Chaque matin je l'admirais, je ressentais ses parfums et je prenais soin d'elle. Ce matin-là, une larme a perlé sur ma joue et mes lèvres ne pouvaient réprimer un sourire. L'astrophysicien était ému et heureux.

Bientôt il allait retrouver ses collègues, distribuer les tâches du jour, revoir les objectifs et préparer les comptes rendus. Le laboratoire et le jardin secret, voilà deux univers non miscibles, et chaque jour, le premier prenait le pas sur le deuxième, jusqu'au lendemain…

Le choc frontal fut terrible. Le camion s'était déporté sur ma voie à cause d'une rupture d'essieu. Ma voiture fut pulvérisée. Ma vie s'est arrêtée là, sur le chemin de mon travail. Immédiatement, mes parents se trouvaient à nouveau devant moi, dans leur fauteuil de lumière, avec le même sourire, le même amour. Seuls leurs petits signes de la main avaient changé. Ils m'invitaient à les rejoindre.

C'est à ces instants-là, dans ma toute nouvelle vie immatérielle, qu'ont débuté mes troubles. Oui je fus empli d'un profond bonheur de retrouver mes bien-aimés parents. Mais ce fut une immense douleur de basculer en une seconde de mon monde de physicien dans ce monde-là dont je ne connaissais absolument rien. L'effondrement de toutes mes certitudes avait provoqué un séisme cognitif et il y eut en moi un rude combat entre les connaissances d'une ancienne vie et les révélations d'une nouvelle. Les évènements de mon nouveau réel n'obéissaient plus au temps que j'avais connu. Le futur venait de perdre son statut d'aléatoire inconnu pour s'habiller d'une trame différente. Le temps n'était plus vraiment le temps mais un présent très élargi englobant des évènements temporels très éloignés. Moi qui étais habitué aux précisions au milliardième de seconde, je fus confronté à une nouvelle réalité du temps, celle du monde immatériel. Je me mis à voir des tableaux qui, dans mon ancienne vie, auraient été hiérarchisés en passé, en présent ou en futur. Ici ils avaient un nouveau statut, sorte de néo-présent, une présence avec un grand P.

Cela n'avait rien d'une nouvelle découverte scientifique, fruit de longues recherches assises sur un socle de preuves certifiées. Toutes ces nouvelles choses que je vivais maintenant se sont imposées à moi comme des évidences irréfutables. Elles étaient spontanément vraies sans qu'il n'eût été nécessaire d'en démontrer les fondements. Ce fut un bouleversement qui a relégué toute ma carrière d'homme de science au statut de pâle expérimentation sans substance. Mon esprit fut aveuglé comme nos yeux peuvent l'être en passant de l'obscurité totale à la lumière éclatante du soleil. Cette cécité allait malheureusement durer.

Se débarrasser des questions aussi inutiles qu'absurdes dans ce nouveau contexte me réclamait un effort intense, contre nature, éprouvant. Accepter ces nouvelles réalités sans étude, sans pourquoi et sans comment, fut tout aussi douloureux et pénible. Mon esprit formaté aux réflexes de la recherche scientifique moderne ne pouvait opérer ce virage à 180 degrés sans de gros dégâts dans mon psychisme. J'ai expérimenté une nouvelle forme de souffrance.

Ma certitude primordiale fut que le temps n'avait ici pas d'épaisseur. Pour le terrien que j'étais, 4 années ont séparé ces deux images de mes parents. Pour l'âme que je suis à présent, à peine un souffle du temps. Pour l'esprit torturé qui m'a suivi dans ce nouveau monde, un problème insoluble. Quelle équation ! Quelle torture !

La flèche du temps, l'apparent écoulement unidirectionnel et irréversible du temps du passé vers le futur, venait de transpercer mes certitudes. J'allais avoir besoin de temps pour comprendre. La première évidence fut l'absence, dans mes bagages d'expérimentateur temporel, du vocabulaire adéquat qui eût pu décrire ce nouveau temps. Accepter qu'il y ait des évènements d'avant juxtaposés à des évènements d'après sans qu'il n'y ait véritablement de passé ni de futur, voilà le nouveau challenge qui s'imposait à moi. J'eus préféré que le temps ici n'existât pas. Mais il n'en était rien. Il existait bel et bien, mais dans une forme intemporelle. »

Ses parents étaient là. Leur visage exprimait un bonheur lumineux. Leur regard posé sur leur fils résonna comme une trompette : « *Tu as compris maintenant. Sois apaisé, Petya.* »

Une âme s'éleva au-dessus de la foule et sa pensée jaillit à la conscience de toute l'assemblée.

« *Je m'appelle Awa. Sur Terre, mon âme a fait une escale à Cuba, puis en France, avant d'être finalement incarnée au Congo. Mon histoire est tragiquement banale et pourrait inspirer des sentiments de colère et de révolte. Mais en vérité, j'aime mon histoire, et je remercie Dieu de m'avoir permis de la vivre. Cela me donne aujourd'hui les forces d'aider toutes les âmes qui ont passé par des chemins de vie semblables aux miens, et qui ont en gardé un trouble persistant.*

À Cuba, mes deux parents furent les amants d'un soir. Ils se sont rencontrés dans un quartier pauvre du vieux La Havane où les bâtisses, toutes en ruines, témoignaient de leur état d'abandon depuis de longues années. Trop jeunes, trop pauvres, peu instruits et sans avenir, ils avaient ces travers en commun, l'alcool, le tabac et le désœuvrement. Rhum, bière et cigares, tous de contrebande, étaient achetés dans la rue à des revendeurs qui, comme eux, tentaient de survivre. À peine cette jeune femme avait-elle rencontré ce jeune homme pour marchander quelques bières qu'elle l'emmena vers cette couche improvisée, un matelas sans âge couvert de linges sales et froissés. Pendant de courts instants, le temps de leurs ébats, ils oublièrent les malheurs de leur vie. Après qu'ils eurent fait l'amour, je fus immédiatement choisie pour accompagner le petit être naissant au creux de son ventre, tandis que mon géniteur repartit vers d'autres infortunes. J'aurais dû être un petit garçon, mais ni elle ni lui ne l'ont jamais su. Après deux mois sans menstruations, celle qui devait être ma mère s'est mise à chercher sans relâche celui qui devait être mon père. L'ayant finalement retrouvé, elle s'est confiée à lui, lui avouant sa grossesse et sa détresse. Sans dire un seul mot, il s'en est allé et elle ne l'a plus jamais revu. Alors elle prit la décision d'interrompre cette petite vie. Mon âme s'est retrouvée à nouveau libre. Ma première incarnation fut brève et dépourvue de quelque affection que ce soit. Le seul sentiment qui animait celle qui m'a effacée de sa vie fut le soulagement de s'être débarrassée de son fardeau.

Dans cette première expérience, je n'eus pas de prénom, pas de corps, pas d'esprit.

Mais toute âme doit avoir son expérience temporelle. Telle est la loi.

C'est en France que je fus dirigée pour ma deuxième incarnation. Je virevoltais au-dessus de ce couple affairé aux plaisirs de l'amour, dans leur petit nid douillet. La magie opéra à nouveau et je me suis blottie au creux du ventre de cette jeune femme pour accompagner ce petit être en devenir à peine âgé de quelques minutes. Tandis que mes nouveaux parents, épuisés, s'endormirent lourdement et heureux. Les mois qui suivirent furent pour eux des instants privilégiés où l'attente heureuse de leur petite Marie, l'exaltation de la future nouvelle famille et l'appréhension de la première grossesse berçaient chacun de leur jour dans une valse d'émotions grandissantes. Je savais très exactement tout l'amour que me donnait maman et je sentais que papa était très attentionné et prêt à tout mettre en œuvre pour m'accueillir le plus dignement possible le moment venu. Cependant, le plan comportait une nouvelle étape tragique. Après vingt-huit semaines passées sans trop de problèmes, son ventre a subitement débuté le travail d'accouchement. Il fut impossible de l'arrêter. Quand je vis le jour, je n'étais pas prête pour respirer l'oxygène que maman ne pouvait plus me donner. Après quatre petites heures passées entre les mains des médecins, mon tout petit corps de prématurée rendit l'âme et laissa mes parents dévastés par le chagrin. Dans cette deuxième expérience, j'eus un petit corps, bien qu'il fût trop fragile pour survivre, j'eus un prénom que mes parents avaient choisi pour moi, mais je n'eus pas encore l'expérience de l'esprit.

Quand je vis le jour au Congo, ce pays portait encore le nom de Zaïre. Les évènements politiques rendaient cette région de l'Afrique particulièrement instable et dangereuse. Nous vivions dans une très modeste demeure, une masure sans confort, dans la petite ville de Kitona, à quelques kilomètres à peine du seul accès maritime de ce pays. Cette localité était, depuis mes plus lointains souvenirs, envahie par des militaires. Il était fréquent que la population subisse les assauts de forces armées ennemies et en paye le prix fort. À peine âgée de treize ans, j'ai dû assister, cachée sous une natte avec ma petite sœur, au massacre de mes parents par des rebelles rwandais. Ma vie fut dès lors une quête incessante de nourriture et d'eau afin que nous puissions survivre. Nous avons pu trouver refuge non loin de là, chez un couple de fermiers, à Matambama-Kanzi, au cœur de la forêt. Le travail était rude mais nous avions la protection, le gîte et nous pouvions manger à notre faim. Je fus emportée à l'âge de vingt-six ans par une forte fièvre que ni le guérisseur, ni le médecin, ni le prêtre ne purent endiguer.

J'ai eu mes expériences temporelles, bien qu'elles furent chaotiques et de courte durée. Elles ont toutes été marquées par des interruptions brutales de ma vie. Le peu que j'ai construit, je l'ai fait avec la force et l'inexpérience de la jeunesse, mais aussi avec le sentiment de devoir tout mettre en œuvre pour que ma petite sœur soit heureuse et ne manque de rien. Aujourd'hui je sais que ces quelques courtes années ont suffi.

Et je veux partager avec vous mon vécu, avec tout ce qu'il a comporté, afin qu'en vous puisse grandir cette conviction que le temporel n'est rien à côté de l'intemporel, et que, si vous êtes ici, c'est que vous avez franchi avec succès le premier maillon de la chaîne d'amour qui régit notre nouvelle réalité. Mes trois vies furent très courtes, et j'aurais pu nourrir des sentiments de rancœur à l'égard des personnes qui ont eut une longue vie heureuse. Mais je peux vous assurer que cette nouvelle réalité du temps, le temps des âmes, a donné à mes expériences temporelles la vraie dimension. Et celle-ci ne se mesure pas en années.»

Awa était aussi lumineuse que la peau de son visage fût noire dans sa courte vie africaine. Une onde d'amour plana sur l'assemblée.

Une âme s'éleva au-dessus de la foule et sa pensée jaillit à la conscience de toute l'assemblée.

« Je m'appelle Pierre-Louis. Je tenais un restaurant à Paris dans le 17e *arrondissement, ou plutôt un bistrot chic ouvert 7 jours sur 7. J'étais le patron, le chef, le comptable, le garçon de salle, le coursier. Je faisais quasiment tout. Mon métier me plaisait beaucoup, au début. J'ai eu quelques compagnes. Mais toutes sont parties loin de cette folie que je leur imposais, par réflexe de survie sans doute. Je ne vivais que pour mon travail, dormais quatre heures par nuit et ne me ménageais qu'un maigre répit d'un quart d'heure en fin d'après-midi, avant que les préparatifs du soir ne reprennent. Les coups de feu s'enchaînaient, service après service, avec un incommensurable stress que je déversais sur mes commis. J'étais devenu un automate mu par une impitoyable horloge qui, inlassablement, marquait midi puis dix-neuf heures, m'intimant de foncer tête baissée, d'aller une nouvelle fois au-delà de mes limites. Très vite, le plaisir de satisfaire mes clients a laissé place à l'angoisse de cette course effrénée, celle ne pas tenir les délais, et au stress de faillir à mes obligations. Il me semblait que pendant toutes ces années, le temps s'est progressivement raccourci de sorte qu'à peine sorti d'un marathon épuisant, j'en démarrais un autre, et ainsi de suite. La montre est devenue la pire horreur de ma vie. Je mangeais mal. Je buvais trop. Je ne dormais pas, je m'effondrais d'épuisement. Les aléas du métier me remplissaient de colère. J'étais irascible avec les autres et avec moi-même. Je faisais subir à mon corps les pires*

contraintes. Je ne l'écoutais plus depuis longtemps. J'ai tenu comme cela vingt-cinq ans. Puis ce fut le trou noir. C'est en arrivant chez vous que j'ai compris ce qui m'était arrivé. Dans un ultime réflexe incontrôlable, comme si un autre moi-même était aux commandes, j'ai fait irruption dans les cuisines avec ce révolver à la main, j'ai tiré et je me suis effondré sur le piano dans un bruit assourdissant de casseroles projetées à terre. Il était midi.

Ma vie fut une course contre la montre. Mais, à part courir, qu'ai-je fait ? Je n'ai pas pris le temps d'avoir une vie de couple, de rendre heureuse une femme, d'avoir des enfants, de les voir grandir et de les aimer. Le temps, j'aurais pu le prendre, j'aurais pu l'avoir, j'aurais pu l'utiliser autrement, mais je l'ai négligé. Je l'ai gaspillé sur l'autel du travail acharné pour relever je ne sais quel défi ou pour satisfaire un trop puissant égo. Aujourd'hui j'ai la conviction que le temps est comme un vase. Si on le remplit d'abord avec le sable des futilités, il n'y aura plus de place pour les belles pierres des valeurs intemporelles. Si on le remplit d'abord avec les belles pierres, on pourra toujours y faire glisser un peu du sable de la vie et vivre ainsi pleinement notre expérience temporelle.

Mon vase s'était brisé sous le poids de trop de sable accumulé.»

Un vent de compassion souffla en direction de Pierre-Louis. Il eût soudain la conviction profonde qu'il viendrait en aide aux milliers de restaurateurs qui, comme lui, ont été les victimes d'un temps qui s'est emballé, les entraînant dans une course folle et suicidaire.

Une âme s'éleva au-dessus de la foule et sa pensée jaillit à la conscience de toute l'assemblée.

« Je m'appelle Psammouthis. J'étais conservateur à la Bibliothèque d'Alexandrie en Egypte, la plus célèbre bibliothèque de cette période qu'on a appelée plus tard l'Antiquité. Mon travail consistait à veiller sur les quelques 400 000 papyrus entreposés dans des niches creusées dans l'épaisseur des murs des portiques, et soigneusement répertoriés par date et par auteur. Je recherchais pour les lecteurs les ouvrages qu'ils lisaient à voix haute dans les allées ombragées des jardins. J'étais passionné par toutes ces connaissances rassemblées ici dans ce temple du savoir. Ce qui m'impressionnait le plus était ce condensé de plusieurs siècles de savoir, d'histoire, de philosophie et de poésie figés dans un unique lieu et dans un unique temps.

Deux mille ans plus tard, d'autres bibliothèques bien plus grandes ont vu le jour ; la bibliothèque du Congrès à Washington, la bibliothèque nationale de Chine à Pékin, la bibliothèque de l'Académie des Sciences de Russie à Saint-Pétersbourg, la bibliothèque nationale de France à Paris, et bien d'autres encore. À chaque fois, la magie opère. Les lecteurs redonnent vie, rendent actuel les textes enfouis au creux des livres depuis des temps immémoriaux. Ainsi, imaginez un œil capable de lire toute une bibliothèque…

Toutes ont cette formidable particularité de figer dans le temps et l'espace les clés du monde, en concentrant les savoirs de l'humanité. Entre ces milliards de pages est cristallisée l'âme du monde. Tous les temps du passé, des plus lointains aux plus récents, sont ici comme projetés sur l'écran géant du présent, juxtaposés comme le sont les mots des pages, les pages des livres et les livres de la bibliothèque.

Les livres ont un pouvoir magique. Ils nous permettent de voyager en esprit dans des temps reculés, et de devenir les témoins contemporains de ces évènements d'antan. À l'inverse, ils sont aussi capables de porter des évènements anciens dans notre présent, notre simple lecture les actualisant, les rendant réels dans l'instant présent.

Les livres ont un pouvoir sur le temps. Ne l'oubliez jamais.»

Psammouthis était une vieille âme. Il intervenait souvent pour délivrer, par touche délicate, une nouvelle connaissance à l'endroit de toutes ces nouvelles âmes qu'il voyait arriver, désorientées et perturbées. Sa grande sagesse et son humilité en faisait un guide aimé et respecté.

On sentit un effluve de reconnaissance émaner de la nuée d'âmes et converger vers les quatre intervenants. Il était capital de prendre régulièrement le pouls du temps des hommes. On l'oublie si vite…

Ainsi se termina le dernier grand rendez-vous du partage.

14 – Le livre du temps

Le temps est le rivage de l'esprit ; tout passe devant lui, et nous croyons que c'est lui qui passe.

Rivarol *(1753 - 1801)*

Et si tu devais dessiner le temps…

Longtemps, je me suis posé cette question. Devant l'extrême difficulté de le dire avec des mots, je nourrissais l'idée que l'on pût davantage le dessiner. Je me suis même vu, crayon à la main, rester perplexe devant cette page blanche pendant de longues et stériles réflexions. Je me suis vu esquisser quelques traits maladroits qui ne trahissaient rien de mon for intérieur. Réduire le temps à un dessin, fût-il savamment exécuté, n'était-ce pas une folie, une absurdité, une chimère ?

J'ai même imaginé, ultime déraison, que l'on pût lancer un grand concours de l'illustration du temps, un peu comme un professeur d'arts plastiques pourrait le faire avec ses élèves de troisième.

C'est finalement Psammouthis, cette vieille âme de l'Égypte Antique, conservateur de la Bibliothèque d'Alexandrie, qui a croqué pour moi la plus belle image qui soit pour dire ce qu'est le temps.

Une image ne dit pas tout. Elle laisse aux yeux des autres le pouvoir d'y déceler des choses inédites, à la lumière de leur vécu, de leurs souvenirs ou de leur imagination. Une image contient bien plus de choses cachées qu'elle n'en montre vraiment. Elle a ce pouvoir de déclencher un merveilleux travail de l'esprit qui, s'il est délicieusement inspiré, est capable de construire une cathédrale en voyant une simple pierre taillée. Une image respecte celui qui y pose son regard car elle a l'humilité de se mettre en retrait de l'imaginaire de son visiteur. Comme la flamme vacillante d'une petite allumette, elle déclenchera un feu d'artifice ou s'éteindra silencieusement. Voilà ce que l'on peut attendre de ce que pourrait être l'image du temps. Puisse le lecteur user d'indulgence avec mon choix.

Le livre du temps. Le temps est comme un livre.

C’est un énorme livre, lourd et imposant. Il possède une couverture épaisse et un nombre incalculable de pages de fin vélin garnies de magnifiques enluminures. Ce livre contient le temps. Il est le temps. En dehors de lui, le temps n’est pas. Il contient toutes les déclinaisons du temps. Tout ce qui est appelé passé, ce qui est appelé présent et ce qui est appelé futur. Tout est là. La première page est le début du temps. Il n’y a pas de page avant cette page-là, puisque c’est la première. Il n’y a pas de temps avant le début du temps. La dernière page est la fin du temps. Il n’y a pas de page après cette page-là, puisque c’est la dernière. Il n’y a plus de temps après la fin du temps. Je comprends à présent l’insignifiance de ces questions telles que « *Qu’y avait-il avant le début du temps* ? ».

Le livre du temps a forcément été créé en dehors du temps, puisque qu’il contient, lui et lui seul, les temps qui existent. Livre dont le contenu est le temps tout en étant lui-même hors du temps. Ce qui semble être un paradoxe est en fait une évidence. Il fallait que le contenant du temps soit lui-même intemporel, hors du temps, tandis que le contenu allait se décliner dans le temps.

Le livre du temps, c’est la liste exhaustive de tous les changements passés, en cours ou futurs, de la création. Ce sont ces changements-là, ces phénomènes temporels, qui nous laissent croire à l’existence de la notion de temps, comme une entité bien réelle. En fait, ce sont les changements que nous percevons plus que le temps lui-même. N’est-ce pas notre esprit, dans sa quête insatiable de rationalité qui crée le concept de temps parce qu'il est incapable d'expliquer les changements ?

Nous croyons savoir que notre univers est issu d'un grain d'énergie plus petit qu'une tête d'épingle. Sans doute cet évènement est-il décrit dans les toutes premières pages du livre du temps. Puis, sans doute, sont décrits dans les pages suivantes l'émergence de l'espace-temps ainsi que toutes les étapes où l'espace et le temps se sont stabilisés. Ensuite, tous les changements opérés dans le cosmos, la formation des étoiles, des planètes et de tous les objets célestes. Puis l'apparition de la vie sur la Terre qui conduira à l'apparition de l'Homme. Puis l'apparition de votre serviteur qui nourrit ce projet fou d'écrire un essai sur le temps…

Le monde, l'univers, le cosmos, toute la matière et tous les êtres vivants (ici et peut-être ailleurs), tout ce qui est soumis au temps, tout ceci est enfoui dans les pages de ce livre, à sa bonne place. Toi, ami lecteur, et moi-même, sommes quelque part dans les pages de ce livre.

J'y suis forcément, puisque je suis dans le temps, je suis le témoin des changements, je vieillis. Je suis quelque part dans le chapitre actuel de ma vie, dans mon présent, sur une page, dans une ligne, comme coincé entre deux mots qui sont mes contemporains de route. Instinctivement je comprends que les mots d'avant sont le passé et les mots d'après le futur. De la même manière, les phrases d'avant, les chapitres d'avant, les pages d'avant sont le passé, tandis que les phrases d'après, les chapitres d'après, les pages d'après sont mon futur. Mais il s'agit de mon passé et de mon futur. D'autres que moi sont dans d'autres endroits de ce livre, dans un autre chapitre, sur une autre page, dans une autre ligne, coincés entre deux autres mots. Ils ont aussi leur passé, leur futur.

Mais ils sont différents. Mais où est donc le vrai présent dans ce livre ?

Il n'y a pas de vrai présent ni de faux présent. Il n'y a qu'un présent. Dans cette allégorie du livre du temps, on voit bien que toutes les pages sont bien là, existantes, matérielles, si je peux dire. Bien qu'elles décrivent et préfigurent des évènements temporels, toutes ces pages existent bien dans ce recueil exhaustif, et elles constituent un tout comme un présent élargi à ce qui peut se ressentir comme étant le passé pour les uns ou le futur pour les autres.

Revenons à votre serviteur, ultime grain de poussière niché au cœur du livre. Je me souviens de mon passé, dans une proportion très limitée cependant. Quantité d'évènements d'un passé plus ou moins lointain resteront à jamais inaccessibles. Quant à mon futur, là c'est l'inconnu total. Impossible de prédire quoi que ce soit. Il restera pour moi caché, définitivement. Je ne le découvrirai que quand une infime partie de lui mutera en présent. Il faut donc bien avouer que le petit grain de poussière de temps que je suis n'a conscience que d'une infime partie de ce livre. Tout le reste lui est inconnu. Mais pourquoi ?

Parce qu'il demeure à l'intérieur du livre.

Et que sa temporalité l'empêche de s'en extraire.

Je tente une autre image. Il y avait un petit ver de terre qui cheminait dans un immense désert. Il voyait devant lui un autre petit ver, et il le suivait, très discipliné et sans se poser de question. Derrière lui il y avait aussi un petit ver et tous les trois avançaient tranquillement vers leur destin de petits vers. Dans sa tête de petit ver, ils n'étaient que trois, c'était son univers. Rien d'autre, à perte de vue, dans toutes les autres directions. Toute sa vie durant il était persuadé de cette vérité, et chaque jour, ses observations le confortaient dans cette assurance.

Jusqu'au jour où il eut l'idée de regarder au-delà de ce qu'il voyait. Il se cambra et, dans un effort prodigieux, finit par se dresser au-dessus de ses deux compères. Stupeur ! Son univers s'est effondré d'un coup. Ses croyances ont été balayées. Il n'y avait pas qu'un seul petit ver devant lui mais une multitude qui cheminaient à la queue leu leu. Et derrière lui c'était pareil. Tant qu'il était sagement à sa place, il ne voyait qu'une vérité tronquée. Et maintenant qu'il avait osé ce qu'aucun autre petit ver avant lui n'avait osé, sortir du cadre, s'élever, une nouvelle vérité s'est imposée à lui.

Aussi, ami lecteur, je te propose une autre expérience de pensée. Tu es là dans ce livre et tu avances patiemment au rythme imposé par le temps. De mot en mot, de ligne en ligne, de page en page. Ton champ de vision est limité. Ton champ de souvenir aussi. Ton champ de prédiction encore davantage. Imagine que tu puisses te faufiler entre les mots jusqu'à atteindre le bord de la page, là où tous les autres bords de page forment la tranche de gouttière. Subitement tu verrais apparaître les pages d'avant, mais aussi les pages d'après. Imagine que tu puisses t'extraire complètement de ce livre, sortir de ses pages, et l'observer dans son entièreté. Alors, ô miracle, tu pourras voir ce qui est jusque-là resté caché : toutes les autres pages. Tu pourrais constater que toutes sont déjà écrites. Toutes existent déjà depuis le début du temps. Simplement, dans ta condition de grain de poussière du temps coincé au milieu de ce livre, tu ne pouvais pas le voir.

Conclusion

Le rougequeue vient de se poser sur le bord d'une suspension florale qui agrémente le kiosque. C'est une femelle. Elle est gênée par ma présence, mais pas au point de négliger sa progéniture nichée dans une anfractuosité de la charpente. Elle apporte une belle prise, un insecte dont on aperçoit les ailes disloquées par son bec déterminé. Elle hésite, sautille, se retourne plusieurs fois, sans lâcher sa proie. Puis elle repart vers le tulipier, sa base arrière sécurisée. Elle revient et se pose à nouveau sur le pot de fleurs. Le repas de ses oisillons, toujours coincé dans le bec, ne l'empêche nullement de lancer ses petits cris caractéristiques du danger. Des *sit sit sit* ou des *tec tec tec* répétés tant que le danger que je représente n'est pas écarté. Je demeure immobile. Quelques battements d'ailes, la voilà qui s'approche sur un autre perchoir, plus déterminée que jamais. Ses petits l'ont entendu. Ils se lancent dans une chorale de *tsi kr*. La femelle attend encore un peu, elle ne peut pas courir le moindre danger, il en va de la vie de ses petits. On la croirait noire tant le contraste avec le rouge orangé de sa queue est prononcé. Mais c'est un dégradé de gris avec des nuances de beige et de fauve. Son vol est d'une précision redoutable et d'une furtivité qui empêche de fixer son image pour mieux l'observer. La voilà qui semble flotter comme suspendue dans le vide, le temps d'un dernier contrôle visuel des alentours, avant d'aller livrer le repas à ses juvéniles affamés. Puis, elle repart, nouvelle escale dans le tulipier, avant de se poser au sol où la pêche aux insectes est toujours miraculeuse.

Ce ballet incessant dure depuis…

*
**

Pourquoi donc ce besoin irrépressible de faire rentrer toute chose dans le moule étriqué du temps ?

Ce petit passereau n'a que faire des minutages imbéciles que les hommes s'imposent continuellement. Il vit dans son présent, et n'a aucune envie de torturer sa petite tête d'oiseau avec ces considérations temporelles.

Sans le savoir, en quelques tire-d'aile, il s'est extrait du livre du temps, libre comme l'air qui le porte.

LE DOUBLE-JE DU TEMPS

Le Maître flânait dans son jardin éternel et méditait ses vertus. Telles des fleurs aux couleurs de son âme, elles embaumaient la nuée et la paraient de leurs atours. Dans son allée préférée, celle de la Conscience, il savourait l'Amour et l'Énergie, la Beauté et l'Harmonie, la Joie et la Liberté.

Soudain, il fut attiré dans le labyrinthe de l'Esprit. La nuée s'assombrit d'un coup. La fleur de l'Équilibre se dessécha. L'effroi gagna le Maître. Les Ténèbres jalousaient la Lumière, l'Ennui méprisait le Temps et l'Abîme défiait l'Espace. Il fallait réagir très vite.

Il provoqua un conseil et fit paraître devant son trône la Lumière, le Temps et l'Espace en présence de toutes les autres vertus. Toutes ? Non…

La Parole, assise à la droite du Maître, fit résonner sa voix :

— Le Maître ne peut tolérer les écarts dont il fut le témoin. Les Ténèbres, l'Ennui et l'Abîme ont été chassés du jardin pendant mille périodes. Ainsi s'est exprimée sa Colère maîtresse. Quant à vous trois, vous serez plongés dans l'expérience de l'Existence. Qu'il en soit ainsi.

Chaque vertu regagna le jardin éternel, sauf les trois missionnaires qui s'exécutèrent sans délai.

*

Il y eut une magistrale explosion. Cela faisait partie de la mission. L'expérience de l'Existence supposait qu'il y eût un début. Cette naissance se fit dans une douleur infinie.

La Lumière, effrayée par tant de souffrance, se cacha et se tut. Elle ne réapparaîtra que bien après…

Le Temps et l'Espace, la stupeur passée, se mirent au travail. La tâche était immense. Il ne s'agissait plus seulement d'Être comme c'était le cas dans le jardin du Maître, il fallait désormais Exister en réalisant leur nature profonde. Telle était l'exigence de l'expérience de l'Existence.

Leur nouvelle réalité s'appelait l'Univers.

Les deux vertus œuvraient ensemble, en parfaite entente et dans le désir constant de la pleine réussite de leur mandat.

Pour l'Espace, le changement était radical. Sa transmutation vers la matérialité l'obligeait à tout inventer. Il avait à sa charge l'architecture du nouveau monde et la conception des lois de l'Univers. Si le Maître avait fourni les matériaux originels, après, tout était de son ressort. Réorganiser les poussières, gérer les températures, former les atomes, disposer les astres, s'étendre, s'étendre, s'étendre… Ses nouvelles attributions lui conféraient une certaine gravité.

Quant au Temps, son aventure dans l'existence démarra à l'instant décrété par le Maître, comme une singularité de l'Éternité. L'horloge s'amorça et le Temps prit le relai. Il était chargé du respect du déroulement du plan. Veiller à la chronologie, tenir les délais, optimiser l'avance et rattraper le retard, accompagner l'écoulement des instants, c'était son travail. À présent, son immuable immobilité se conjuguait au passé. Sa nouvelle temporalité dans laquelle chaque chose devait naître puis mourir l'obligea à concevoir un avant et un après, un passé et un futur.

Les deux vertus, dans leur expérience de l'Existence, travaillaient en bonne harmonie à l'accomplissement de leurs nouvelles obligations. Il s'instaura entre elles une belle entente et même une certaine complicité. Le travail avait simplifié les rapports et favorisé une familiarité qui eût été impossible dans le jardin du Maître.

— Tu sais mon vieux, dit l'Espace à son ami le Temps, ça fait maintenant un bail qu'on se connait, je peux t'appeler mon vieux ?

— Cela m'honorerait, mon ami. Je t'observe depuis un moment et je constate que tu n'arrêtes pas de grossir, grossir et grossir encore. Alors si tu m'appelles mon vieux, toi tu seras mon grand, en témoignage de l'affection que je te porte.

Les deux compères se réjouirent d'avoir établi leurs propres règles de vie communautaire et d'avoir simplifié leurs échanges. Il semblait qu'ils étaient liés pour très longtemps.

— Qu'est-ce donc cet éclair qui vient troubler notre travail, s'enquit le Temps ?

— Il semblerait bien que la Lumière ait enfin décidé de nous rejoindre, répondit l'Espace.

— À la vitesse où elle est passée, ça m'étonnerait qu'elle nous ait vus…

— Tu sais, mon vieux, j'ai toujours eu un léger doute sur la constance de son humeur. Elle est un peu… oscillante, non ?

— J'ai la même impression. On va attendre qu'elle revienne et qu'elle daigne s'arrêter un moment. À sa décharge, elle a souffert injustement de la jalousie des Ténèbres. Ne précipitons pas notre jugement.

Après deux autres zigzags aveuglants, la troisième vertu s'arrêta aux pieds de ses compagnons d'infortune.

— Tu en as mis du temps ! brocarda l'Espace.

— Bonjour mes amis ! Je suis bien contente de vous retrouver. Figurez-vous que j'étais coincée par la gravité ! Moi qui suis d'une légèreté d'éther, je l'ai très mal vécu. Impossible de m'extraire de ce trou noir et oppressant ! Heureusement, j'ai lutté de toutes mes forces… et me voici. Ah, je suis heureuse…

— Si je peux me permettre, ma petite, tu n'y es absolument pour rien ! lui répondit l'Espace. Juste un petit rappel et tu vas vite comprendre. Notre mission était de faire l'expérience de l'Existence. En d'autres termes, nous avons dû créer ensemble quelque chose qui nous ressemble. Tu me suis ?

Instantanément, la Lumière décocha un éclair qui aveugla ses compagnons.

— Ce quelque chose, c'est l'Univers, poursuivit l'Espace. C'est assez simple en soi, à condition de bien se connaître soi-même. Tout a démarré par une grande explosion qui a produit en moi des bouleversements d'une extrême gravité. Je devais absolument décompresser. J'ai travaillé très dur à cela et tu as finalement pu t'extraire. Je te passe les détails. Aujourd'hui, tu es là avec nous, c'est l'essentiel.

— C'est aussi parce que j'ai choisi le moment opportun où tu allais pouvoir sortir de ta prison pour nous retrouver, ajouta le Temps un peu agacé. Tout ceci était judicieusement calculé. Chaque événement obéit désormais à une nouvelle temporalité dont je suis seul décideur, par mission du bon Maître.

La Lumière, trop contente d'avoir été libérée et de rayonner où bon lui semblait, ne remarqua pas les discrets effets de langage entre les deux vieux amis. La troisième vertu venait de bousculer l'équilibre naturel qui avait prévalu jusque-là et éclairait une rivalité naissante entre les garçons.

*

Le grand chantier de l'Univers prenait forme sous l'œil averti du Temps qui donnait la cadence. L'Espace construisait de gigantesques boules de roches, de métaux et de gaz avec des matériaux sans cesse réinventés, puis s'amusait à les faire tourner en rond tandis que la Lumière parcourait des distances phénoménales pour aller en allumer certaines, au gré de son envie.

— Dis-moi, mon vieux, tu n'as pas un peu l'impression de te reposer dans ton fauteuil ? À part donner des ordres, sais-tu faire autre chose ?
— Ah oui ! appuya la Lumière, pour ça, il est très fort. Mais quand il s'agit de filer aux confins de l'Univers pour allumer les astres, il n'y a plus personne !

Avec la fatigue et la lassitude de faire toujours la même chose, l'Espace et la Lumière traduisaient leur agacement par des remarques de plus en plus caustiques.

La patience du Temps était mise à rude épreuve. L'un, dont les rêves de grandeur faisaient tourner la tête, l'autre dont la célérité l'opposait à l'indolence du vieux, chacun avait de bonnes raisons de souligner ses différences. Il ne répondit pas tout de suite à leurs allégations.

— Il faut tout de même reconnaître, poursuivit l'Espace, qu'à part bricoler son horloge et se gausser de « grand Maître » par ci et « bon Maître » par là, il ne travaille quasiment pas ! Il y a vertu et vertu, dirait-on…
— Mais tu as raison ! Il se prend pour le grand chef ! Ce n'est pas étonnant que l'Ennui ait fini par le mépriser !

C'en était trop pour le Temps. Il ne pouvait tolérer plus longtemps leurs sarcasmes infondés. Il était temps de remettre les pendules à l'heure. La jalousie les avait gagnés. Il prit la parole calmement :

— Je suis l'immuable constance et la force tranquille. Dans ces conditions, il est normal que j'occupe le poste aux plus hautes responsabilités. Vous n'avez aucune idée de l'énorme travail que je fournis constamment. Vieillir les choses est une lourde tâche et nécessite une attention de chaque instant pour ne pas créer le chaos. Toutes mes forces sont mobilisées et je mets toute mon énergie à votre service afin que vous puissiez exister dans cette nouvelle temporalité. N'êtes-vous pas assez intelligents pour le comprendre ?

Les rebelles bougonnaient des choses incompréhensibles.

— Ne vous leurrez pas chers amis, poursuivit le Temps, gardez votre sang froid. Le moment viendra où toutes choses s'accompliront et vous en serez les acteurs et les témoins. Pour l'heure, je vous exhorte à poursuivre votre mission.

*

Les périodes se succédaient dans un ballet créatif incessant. Il y eut des myriades d'astres. Ceux qui irradiaient de lumière et de chaleur furent nommés étoiles. Les autres furent appelés planètes. C'est l'une d'entre elles, toute bleue, qui retint toute l'attention du Temps. Il convoqua ses amis pour les informer de sa décision.

— Mes chers amis, voici ce qui va advenir. Sur cette petite planète bleue que vous voyez là-bas, l'heure est venue de faire naître la vie.

— Mais c'est quoi encore cette chose ? Une manœuvre ? Une machination ? s'emporta la Lumière.

— Encore une décision du bon Maître, ironisa l'Espace.

Le Temps avait anticipé ces réactions négatives. Il s'agissait pourtant du plan dont lui seul connaissait le déroulement complet jusqu'au terme de leur mission.

— Je vais vous expliquer, reprit-il calmement. Dans le jardin du grand Maître, nous Étions. Être était la vertu des vertus, et elle suffisait à parfaire sa joie. Puis est advenu l'incident où trois vertus ont été chassées du jardin. Nous avons alors été contraints à l'expérience de l'existence afin de nous laver des souillures de la jalousie, du mépris et de la défiance dont nous avons été victimes. Il fallait dès lors que nous Existions. Mais le plan ne s'arrête pas là. Il faut maintenant qu'apparaisse la Vie.

Un silence cosmologique fit écho à cette dernière affirmation.

— Être, exister et ***vivre***, martela le Temps d'une voix forte : tels sont les trois piliers de toute chose. Méditez-les. Ils sont la base de tout.

Toujours le même silence.

— Et nous allons devoir en faire l'expérience. C'est pourquoi, le vivant doit apparaître. Et il apparaîtra.

Le Temps fit une nouvelle pause pédagogique afin que soit intégrée cette nouvelle donnée.

— Vous avez œuvré, et je veux ici et maintenant vous en remercier, à créer les conditions de cette dernière étape du plan. Cette belle planète s'appellera Terre. Elle hébergera des poissons dans ses eaux, des oiseaux dans ses airs et une myriade d'animaux sur sa surface. Puis viendra l'Homme. Lui cherchera à mieux nous connaître. Quand il saura, la mission touchera à sa fin.

Il y avait trop d'informations nouvelles. L'Espace et la Lumière étaient irrités. Ils tentèrent le tout pour le tout. Il fallait faire redescendre ce vieux vantard qui se prenait pour le grand Maître. L'Espace lança la première offensive :

— Tu sais, mon petit vieux, il faut que tu arrêtes un peu de nous prendre pour des imbéciles ! Si tu continues sur ta lancée, à te la jouer grand Maître bis, je vais devoir t'arrêter ! Et j'en suis capable ! Je n'ai qu'à créer un corps d'une densité infinie et une fois que je t'aurai capturé à l'intérieur, tu t'arrêteras et tu cesseras d'exister !

La Lumière poursuivit dans le même esprit :

— Et si tu continues à faire le malin, triste personnage, je vais devoir t'emporter avec moi à la vitesse la plus rapide de l'Univers, et là tu t'arrêteras et tu cesseras d'exister !

Le Temps avait participé à la création des lois de l'Univers. Il savait qu'ils avaient une réelle influence sur lui, qu'ils pouvaient le ralentir. Mais seulement jusqu'à une certaine limite. Et ça, ils l'ignoraient, comme beaucoup d'autres choses. Il reprit calmement :

— Voyez-vous mes chers amis, il faut raison garder. Vous ne pouvez strictement rien contre moi. Savez-vous pourquoi ? Non, trancha-t-il sans attendre de réponse. Alors je vais vous l'expliquer. Contrairement à vous qui êtes uniques, moi je suis pluriel. Je suis déclinable à une infinité de cadences, j'existe en tout point de l'Univers en adaptant mon métronome à chaque situation. Si je ralentis ici ou là, si j'accélère à d'autres endroits, cela n'altère en rien mon existence, puisque je suis multiple. Je suis l'inventeur de la quatrième dimension. Je conçois que c'est difficile à comprendre, pour vous qui n'en possédez que trois, mais je ne vous en tiens pas rigueur.

La Lumière ne s'en laissait pas compter. Elle l'attaqua sur un autre registre :

— Depuis le début, tu mènes un double-jeu. Tu nous as délibérément trompés. Tu nous la jouais « bon pote » nous faisant croire que tu étais comme nous. En réalité, tu savais tout cela depuis le début. C'est profondément déloyal.

— Qui aurait cru qu'avec son air de vieux sage, il pouvait être aussi fourbe ? ajouta l'Espace. Je trouve cela très immoral.

— Il n'y a rien qui soit immoral ni déloyal. Il n'y a que la mission. La Vie en est la dernière phase. Elle nous permettra d'observer les progrès des vivants. Parmi eux, l'Homme va acquérir de grandes connaissances. Il percera les mystères, d'abord de la Vie, puis ceux de l'Existence, et enfin ceux de l'Être. Alors il saura pourquoi il doit naître et mourir. Chaque être vivant devra s'y soumettre. Telle est la loi de la Vie. Dans cette expérience de l'existence, je suis celui qui donne la vie et qui la reprends quand le moment est arrivé. C'est ma nature de rendre toutes choses temporaires.

Les deux prosélytes se turent. De nouvelles convictions naissaient lentement en eux. La cohérence, la constance et l'absence de jugement du Temps effaçaient peu à peu leur rancœur pour laisser place à un respect croissant et même à une admiration naissante. Il poursuivit :

— J'ai usé de patience pour mener cette mission. L'Univers que nous avons façonné n'est que le fruit de l'expérience de l'Existence. Et la Vie qui s'y est développée n'est que l'archétype de la finitude, un prototype des réalités temporelles du monde. Alors, non, mes amis, je ne fais pas de double-jeu. Mais si vous me le permettez, je veux bien accepter d'être un double-je, tout comme vous l'avez aussi été au cours de cette mission. D'abord, le ***Je*** infini, constant, intemporel, celui des vertus dans le jardin du grand Maître. Ensuite, le ***Je*** frappé de finitude, temporel, mortel, celui de l'expérience de l'Existence et du monde des vivants. Nous avons tous les trois éprouvé notre double-je. Que cette nouvelle connaissance emplisse notre Être à jamais.

L'Espace et la Lumière étaient à présent stupéfaits et conquis par les enseignements du Temps. Ils se sentaient même honorés d'avoir contribué à sa mission. La considération que leur témoignait leur ami eut raison des derniers griefs à son endroit.

*

— Mais alors, demanda la Lumière, quand tout sera fini, que deviendrons-nous ?

— Ta perspicacité t'honore, ma très chère ! Quand l'expérience de l'Existence prendra fin, notre existence cessera aussi. J'espère alors que le grand Maître, dans son infinie mansuétude, nous accueillera à nouveau dans son jardin.

BIBLIOGRAPHIE

AUGUSTIN, saint, *Confessions*, Paris, Seuil, 1982

BARJAVEL, René, *Le voyageur imprudent*, Paris, Denoël, 1944

BARRATIN, Anne, *De toutes les paroisses*, Paris, Lemerre, 1913

KLEIN, Étienne, *Les tactiques de Chronos*, Paris, Flammarion, 2003

–, *Le facteur temps ne sonne jamais deux fois*, Paris, Flammarion, 2007

KUNDERA, Milan, L'insoutenable légèreté de l'être, Paris, Galimard, 1984

LIÉGEOIS, Jean-Paul, *Georges Brassens Œuvres complètes*, Paris, Cherche-midi, 2007

STAUNE, Jean, Notre existence a-t-elle un sens ?, Paris, Presses de la Renaissance, 2007

TRINH XUAN THUAN, La mélodie secrète, Paris, Fayard, 1988

COPYRIGHT DES CHANSONS ÉVOQUÉES DANS LE TEXTE

REMERCIEMENTS

Je tiens à remercier chaleureusement

Ma Belle, première lectrice, conseillère, illustratrice et personnage central de ce livre qui, sans elle, n'aurait pu exister,

Adeline et Lauriane pour leur aide précieuse,

Bruno pour ses encouragements motivants, sa relecture rigoureuse et son expertise appréciée

Éliora pour m'avoir fait connaître de singuliers personnages

Pierre Bernon d'Ambrosio pour son aimable autorisation à reproduire une transcription partielle d'une vidéo

Yehia Benchetrit pour son aimable autorisation à reproduire une transcription partielle d'une vidéo

TABLE

Printed in Poland
by Amazon Fulfillment
Poland Sp. z o.o., Wrocław

24754152R00101